_______________ 님의 소중한 미래를 위해
이 책을 드립니다.

마음을 얻는 남자의 대화법

감정에 쉽게 휘둘리지 않는 소통의 기술

마음을 얻는 남자의 대화법

임영주 지음

메이트북스

메이트북스 우리는 책이 독자를 위한 것임을 잊지 않는다.
우리는 독자의 꿈을 사랑하고,
그 꿈이 실현될 수 있는 도구를 세상에 내놓는다.

마음을 얻는 남자의 대화법

초판 1쇄 발행 2022년 8월 25일 | **지은이** 임영주
펴낸곳 (주)원앤원콘텐츠그룹 | **펴낸이** 강현규 · 정영훈
책임편집 박은지 | **편집** 안정연 · 남수정 | **디자인** 최정아
마케팅 김형진 · 정호준 | **경영지원** 최향숙 | **홍보** 이선미 · 정채훈
등록번호 제301-2006-001호 | **등록일자** 2013년 5월 24일
주소 04607 서울시 중구 다산로 139 랜더스빌딩 5층 | **전화** (02)2234-7117
팩스 (02)2234-1086 | **홈페이지** www.matebooks.co.kr | **이메일** khg0109@hanmail.net
값 15,000원 | ISBN 979-11-6002-381-7 03190

사람들이 진정으로 원하는 것은
자기 말을 들어주고 자기를 존중해주며,
이해해주는 것이다.

• 데이비드 번스(인지행동치료의 최고 권위자) •

| 지은이의 말 |

나와 당신을 위한 변화의 시작, 남자의 대화법
"말이면 다야?" "말이면 다야!"

"당신과 말이 안 통해. 차라리 벽 보고 말하는 게 낫겠어."

"아빠는 우리를 모르시잖아요."

"언제 저희랑 진솔한 대화 한번 해본 적 있으세요?"

"오빤 말을 해도 왜 꼭 그렇게 해?"

"그냥 들어만 주면 안 돼? 내가 언제 해결사 해달랬어?"

"다 좋은데 말이 안 통해요. 이런 사람과 결혼하면 결국 말 때문에 헤어지겠죠?"

좋자고 시작한 대화(對話)가 관계를 깨는 대재앙의 대화(大禍)가 되는 건, 정말이지 순간입니다. 우리 가슴 속에는 뜨거운 진심이 있고, 그 진심은 무결점의 순정품이며 그런 순정품 진심을 말했는데… 자주 오해하고 오해받습니다. 아프게 할 의도가 없었는데 상대는 상처받았다며 평생의 트라우마가 되었다고도 합니다. 내 말에 아프다는 사람 때문에 나도 힘들어집니다. 그러다 방어적인 말로 툭 튀어나올 때도 있습니다.

"제대로 좀 들어."

"내가 언제 그렇게 말했어? 당신이 삐딱하게 들으니 문제지."

말을 주고받을수록 가까워야 할 사람들과 멀어집니다. 생각해봅니다.

'말한 나의 문제일까.'

'듣는 상대의 문제일까.'

어떻게 말해야 내 말의 순도를 제대로 전할 수 있을까요. 어떻게 들어야 상대의 진심을 제대로 들을 수 있는 걸까요. 어떻게 해야 '대화의 꽃을 피운다'는 비유에 다가갈 수 있을까요.

뜨거운 진심을 전하는 대화

하버드대학교 조지 베일런트 교수는 '오래도록 행복한 사람들'을 연구한 결과 다음과 같은 결론을 내렸습니다.

"삶에서 가장 중요한 것은 관계이며, 행복은 결국 사랑이다."

관계와 행복, 사랑을 지속하는 방법에 대해 생각하니 '말'이라는 대답이 확신에 차서 나옵니다. 나의 말, 당신의 말, 우리가 주고받는 대화지요. 이렇게 중요한 대화를 어떻게 하고 있는지, 어떻게 해야 하는지 나누고 싶었어요.

사람들이 그들의 뜨거운 진심과 사랑을 불순물 없이 주고받을 대화법에 몰입할수록 사람들의 대화가 너무도 잘 들렸습니다. 그럴수록 느꼈지요. '문법'은 배웠지만 '화법'은 작정하고 배운 적이 없는 우리가 경청과 공감, 소통과 대화가 트렌드인 시대를 살고 있다는 것. 대화만 조금 달리해도 인생이 정말 많이, 아주 많이 달라진다는 것.

"무슨 말을 그렇게 해?"

"사람 고쳐 쓰니? 말습관 평생 못 고치지."

"제발 좀 들어봐! 당신은 왜 당신 말만 해?"

만약 이런 말을 들었다면 기억해주세요.

'내가 너무 말을 잘하는구나. 그래서 자꾸 내 말만 하려고 하는구나.'

'내가 말을 잘 안 듣는구나. 상대가 이야기할 때도 내 할 말만 생각하는구나.'

너무 말을 잘해서

만약 상대가 내 말 때문에 아프다면 얼른 인정해주세요. 내가 쏜 화살은 사랑이었고 뜨거운 진심이었는데, 상대의 과녁에 꽂힌 건 독화살이라니 아이러니지만 백 번 잘했고 한 번 잘못했더라도 그 한 번 때문에 관계가 깨지지 않도록 잘 다듬어 말해주세요.

"내 표현이 잘못됐나 봐. 다음부터는 조심할게."

"내가 왜곡해서 들었어. 미안해."

사실 말을 '잘 듣는 사람'이 있고, '이상하게 듣는 사람'도 있긴

있어요. 내 뜻을 왜곡해서 듣거나 쏘지도 않은 독화살을 맞았다고 아우성치는 사람도 있지요. 하지만 '왜 말을 삐딱하게 듣지?'라고 생각하는 것도 나의 왜곡일 수 있어요. 잘 좀 들으라고 하기 전에 잘 말하고, 잘 말하라고 하기 전에 잘 듣는다면 "말이면 다야?"라고 하지 않을 거예요. "말이면 다!"니까요.

관계 성공과 인생 행복의 핵심인 대화를 잘하려면 이 2가지면 충분합니다.

'어떻게 말할까.'

'어떻게 들을까.'

'대화의 꽃'이 활짝 피어나기를

지은이의 말을 마무리하는 이 순간, '말이 씨가 된다' '대화의 꽃을 피운다'는 두 말의 상호연관성에 새삼 놀랍니다. 말의 씨앗을 잘 뿌리고 가꾸면 대화의 꽃을 피우니까요. 하루 종일 말하며 사는 우리가 매 순간 아름답고, 향기롭고, 미소 짓게 하는 대화를 하는 상상만으로도 행복해집니다.

이 책이 아름답고, 향기롭고, 미소 짓게 하는 대화의 꽃밭을 가꾸는 '씨앗'이 되기를, 그리하여 당신과 나, 우리 사이에 '대화의 꽃'이 활짝 피어났으면 좋겠습니다. 이 책의 한 문장이 시작점이 되어 '더 행복한 대화'라는 그림이 되었다는 피드백을 기다리는 일도 기쁨이겠습니다.

임영주 드림

차례

2장

입이 아닌 행동으로 하는 말

"난 무조건 네 편이야"

마음과 달리 여전히 표현하기 힘든 말 • • •

"꽃길만 걷게 해줄게요"

듣기만 해도 좋은 말 • • •

"자기한테 정말 잘 어울리는데!"

공감대를 형성하는 말

"그럼 우리 이렇게 해보면 어떨까?"

가족에게 고립되는 남자는 외롭다. 외로운 남자는 가족을 어떻게 부를까. 아빠가 부르는 가족 애칭은 마음을 보이고 사랑을 표현하는 비법이다. 사랑을 표현하는 방법 중에서는 선의의 거짓말도 필요하다. 대화가 즐겁고 재미있다면 대화하는 사람들 사이에 영혼의 교감이 이루어진다. 경청하고 감정을 알아주며 따뜻한 말이 오가는 대화, 재미있게 주고받는 대화를 한다면 당신은 말 잘하는 남자다.

1장

순도 100% 전달되는 천금 같은 말

"나는 오빠랑 얘기하는 게 세상에서 제일 재밌어"

애칭으로 사랑받는 남자

'최렙딸넴'

그날까지 이 말은 내겐 신(新)사자성어였다. 시시각각으로 등장하는 신조어를 알아들으려면 검색은 필수. 듣자마자 검색했지만 최렙딸넴은 안 나왔다. 그럴 때 알아듣는 비법은 계속 듣는 것이다. 듣다 보면 자연스레 감을 잡게 되고 알아듣게 된다.

세상은 배움터고 세상은 스승이라고 생각하기 때문일까. 카페나 공원, 길을 가다가도 보고 들리고 배우고 깨닫는 바가 많다. 최렙딸넴도 그랬다. 지금부터 그 얘기다.

20대 여자들이 차를 마시며 아빠 이야기를 쏟아낸다. 딸들에게 아빠는 '좋은 아빠, 싫은 아빠'로 분명하게 나뉘는 중이다. 마치 어릴 때 "아빠 좋아" "아빠 미워"가 부활한 듯했지만 기준은 정반대였다. 아이 때는 안 놀아주는 아빠가 미운 아빠였다면 지금 20대

딸들에겐 자꾸 말 걸고 놀자고 하는 아빠가 부담스럽단다.

"어렸을 땐 안 놀아주다가 요즘 가족들하고 부쩍 놀려고 하셔."

"우리 아빠는 집안의 귀여운 왕따셔^^. 내가 그나마 아빠랑 놀아주려고 노력하는 편이거든. 요즘은 가족 단톡방에 우리 아빠가 젤 많이 등장해."

"진짜? 우리집도 그래!"

딸들은 아빠가 얼마나 가족 단톡방을 애용하는지 서로의 가족 단톡방을 보여준다. 가족사진을 잘 편집해서 올려놓은 아빠, 아이들 어렸을 때 사진을 찾아 올리며 추억을 공유하려는 아빠들의 모습이 얘기를 듣는 것만으로도 선하게 그려졌다. 그러던 중 들린 말이 '최럽딸넴'이었다.

"와, 너네 아빠는 너를 최럽딸넴으로 부르시나 봐."

"응, 울 엄마는 마눌님."

"마눌님? 아, 마누라님?"

"엄마가 젊었을 때부터 그렇게 부르셨대. 마누라님이 원래는 마마를 부르는 극존칭어였다네. 울 엄마도 이 애칭 좋아해."

나는 이런 말을 들으면 상상의 나래가 펼쳐진다. 아내가 좋아하는 애칭을 부르는 남편. 남편이 부르는 애칭을 좋아하는 아내. 아내의 애칭을 부르는 남편은 아내에게 사랑받을 것이라는 생각에 미소가 머금어지고 부부가 나누는 눈빛의 교감까지 떠올려진다. 마눌님이라고 부르는 그 남편은 가족에게 왕따당하지 않을 것이라는 확신도 든다. 엄마아빠가 서로 사랑하고 존중하면 자녀들도 부모를 존중하며 잘 크기 마련이다. 다행히 나의 이런 확신을 무너뜨린 사례는 지금까지 없었다.

행복한 부부를 보면 몇 가지 특징이 있다. 첫 번째 특징은 '대화'가 잘 통한다는 것. 두 번째는 서로를 부르는 특별한 '애칭'이 있다는 것이다. 애칭을 부르는 부부치고 말 안 통하는 부부를 본 적이 없다. 말이 잘 통하는 것이 먼저였을까. 애칭을 부르다 보니 서로의 사랑이 깊어져서 말이 잘 통하게 된 걸까. 어떤 것이 먼저였는지는 모르겠지만 애칭이 관계를 더 돈독하게 하고 소통이 잘 되게 한 건 분명한 것 같다. 이런 생각을 하는데 다시 솔깃하게 들리는 말이 있었다.

"나도 울 아빠가 나를 어떻게 저장했는지 오늘 봐야겠다. 진짜 궁금해지네. 그게 아빠의 진짜 속마음이잖아."

내 가족이 내게 저장된 자신을 본다면 어떤 생각이 들까. 평소에 '딸, 사랑해'라는 표현을 못했더라도 '최럽딸넴' '최애딸넴'이라고 저장된 것을 본 딸은 아빠의 깊은 사랑을 확인할 것 같다. 가족 앞에서 입에 꿀을 바른 듯 달콤한 말을 못하는 당신이라도 저장 공간에선 얼마든지 달콤하고 사랑스런 표현을 할 수 있다.

'우리 희망이○○' '최애딸○○' '최애아들○○' '럽럽○○' '나의 사랑○○' '나의 전부○○'

휴대폰에 저장된 몇 글자의 표현에 자신의 존재감을 확인하며 우린 그 사랑을 믿는다. 어느 광고기획자 한 분은 자신을 '지민아빠'로 해놓았다. 아이 20세까지는 그렇게 자신을 '지민아빠'의 역할로 부각시키고 싶어서라고 한다.

우린 살면서 여러 개의 페르소나(persona)를 가진다. 각 시기마다 방점을 찍어야 할 페르소나도 있다. 자신의 정체성을 파악한다는 건 상대의 정체성을 존중한다는 것이다. 그에 맞는 역할은 물론 그 역할에 알맞은 언어를 사용하겠다는 것이기도 하다.

그날 20대 딸들의 대화에서 아빠 최고 끝판왕은 의외의 아빠가 차지했다.

"우리 아빤, 가족은 저장 안 하신대."

"왜?"

"사랑하는 사람들의 전화번호는 외우는 거래."

"우와아! 말 된다!"

"다른 사람은 몰라도 가족만큼은 기계가 아니라 머리와 마음에 저장한다나. 그래도 우릴 부를 땐 러블리 딸, 사랑하는 여보야… 난리가 아니셔. 암튼, 울 아빠 애교는 알아줘야 해. 울 엄마가 아빠 말솜씨에 반해서 결혼했다잖아."

듣는 나도 감동했다. 팬데믹 와중에도 가족과 말 통하는 남자는 행복하지만 가족에게 고립된 남자는 더 외롭다. 가족과의 소통이 관건일 것이다. 당신의 휴대폰에 저장된 가족 호칭을 봐도 보인다. 당신이 가족과 말 잘 통하는 사람인지 아닌지.

당신이 부르는 가족의 호칭을 돌아보면 좋겠다. 내 마음을 보이고 사랑을 표현하는 비법이다. 내가 존경하는 어느 분은 아내를 "내 사랑 서경"이라고 부른다. 아침엔 "내 사랑 서경, 잘 잤어?" 하며 인사한단다. 20대 아들은 자신도 그런 가정을 꾸릴 거라며 아빠를 '최고의 가정 경영자'라고 했다. 아빠가 부르는 애칭이 자녀에게 행복한 가정의 롤모델이 되기도 하는 것이다.

남자의 말은 중천금(重千金)이라는 말이 있다. 아빠가 부르는 가족 애칭 하나에 중천금 같은 귀한 뜻을 담으면 어떨까.

딸에게, 아들에게, 아내에게 가슴 뭉클한 사랑을 전하는 애칭을 불러보자. 마음을 전하는 애칭으로 저장해두자. '내, 나의, 제일, 최고, 가장, 세상에서, 우주에서'도 좋겠다. '사랑하는 딸내미, 제일 예쁜 아내'라는 수식어를 넣어도 좋을 것 같다. 수식어와 애칭은 "○○야, 사랑해"의 또 다른 표현이다. 가족의 애칭을 넣어 당신의 사랑을 표현하는 것은 생각 이상으로 효과가 클 것이다.

거짓말이라도 해라

거짓말에 대한 칼럼을 재밌게 읽었다. 고등 동물일수록 다양한 목적을 위해 정교하게 상대를 속인다고 한다. 권력, 재물, 성욕, 체면 등이 목적이란다. 텍사스 우먼즈 대학 크리스찬 하트 교수의 거짓말의 종류별 특징도 나와 있었다. 거짓말에는 두 종류가 있다고 한다. 진정한(악의적) 거짓말과 백색(선의의) 거짓말이다. 거짓말 종류는 모두 알고 있을 테니 각설하고.

하트 교수에 의하면 선의의 거짓말 목적은 '상대방 위로, 부드러운 대인관계'를 위한 것이라고 한다. 각박한 이 시대, 두 종류 거짓말의 경계를 교묘하게 이용하지 않는 선에서 소중한 내 사람들에게만큼은 선의의 거짓말이 필요하다는 생각이 들었다.

"난 거짓말은 못해."

"죽어도 빈말은 못하지."

이 말은 현호 씨가 애용하는 말이다. 자신은 언제나 옳은 말, 사실의 말, 참말만 한다는 뜻인데 듣고 보면 상대방 후벼 파는 말만 골라서 한다. 사실만 말하는 정도가 아니라 살쪘네, 살 좀 빼라 등 직언도 서슴지 않는다. 여러 사람이 있는데도 아랑곳하지 않고 이렇게 말하면 상대는 당황스럽다.

"패션 감각이 영… 패셔니스타는 계절을 앞서는 거 알지?"

추위와 봄기운이 교차하는 3월, 친구가 두툼한 옷을 입고 나타나자 현호 씨가 한 말이다.

"야, 뭐 어때서. 샌프란시스코 봐라. 가죽옷, 민소매, 두툼한 점퍼, 반팔 옷 입어도 아무도 말 안 해. 개성이지."

친구가 이 정도로 말하면 넘어가줘도 좋을 텐데 현호 씨는 "여기가 샌프란시스코냐"라며 자기 할 말 다 한다. 그러면서 덧붙이는 말이 있다. "난 거짓말은 못하잖아."

현호 씨는 자신의 기준에 의해 느낀 대로 말한다. 거짓말은 못한다면서 말이다. 자신이 느낀 것을 '참'이라고 억지를 부리는 현호 씨. 느낀 대로 말하면 아무 문제가 없다는 생각이 문제라는 걸 그는 모른다.

예를 들어 모임을 마치고 주차장으로 가면서는 "야, 오늘 무슨 멤버들이 그렇게 우중충하냐! 다음엔 골라서 불러야겠다" 한다. 수준이 안 맞는 사람이 오면 대화하기가 불편하다나. 현호 씨는 시한폭탄이다. "난 거짓말 못해"를 내세워서 하고 싶은 말을 맘대로 하는 그를 누가 감당하겠는가.

칼럼에 백색 거짓말의 예가 나와 있어 인용한다. 일상에서 응용할 만하다.

(어색해도)"새 옷이 참 잘 어울린다."

(지루해도)"모임이 매우 즐거웠다."

(매력 없어도)"부인이 멋있다."

이런 말은 거짓말이 아니라 사회적 예의다. 그럼에도 죽어도 못하겠다면 사실을 빙자해서 당사자는 물론이고 남이 듣기에도 불쾌한 말은 안 하면 된다. "그 옷 어디서 샀냐? 안 어울린다" "오늘 모임 영… 꽝이다" 등 곧이곧대로 말하면 불편한 말이 되는 경우가 있다. 상대방 부인이 멋있지 않아 도저히 '부인이 멋있다'는 거짓말은 못하겠다면 아무 말 안 하면 된단다.

사실을 내세워, 남의 마음 헤아리지 못하는 말을 툭툭 내뱉는 건 자기 속은 편할지언정 남에겐 비수가 된다. 팍팍한 경쟁하느라 기를 쓰며 살고 있는데 백색 거짓말로 위로 좀 하면 어떤가. 긴 통화를 하느라 시간이 좀 늦어졌지만 "오늘 너랑 통화하니까 피로가 싹 풀린다. 역시 너는 나의 비타민"이란 말이 "아, 피곤해. 이제 자야겠다. 통화가 길어졌네"보다 낫지 않은가.

내 백색 거짓말에 누군가 살맛날 수 있다. '이왕이면 다홍치마'라는 말처럼 이왕이면 상대에게 듣기 좋은 말을 해주는 게 '살맛

나게 하는 양념' 아닐까. 거짓말이라는 단어가 께름칙하다면 '빈말'이라고 해두자. 빈말이 비수 같은 사실의 말보다 백 번은 낫다.

"난 거짓말은 못해"라고 거침없이 말하며 심각한 상처를 주는 사람은 알고 보면 순수를 내세운 '어른아이'다. 악의는 없으나 아직 배려심을 배우지 못한 아이 수준의 어른인 것이다.

어떤 거짓말이 악의적인지 아닌지 긴 설명 안 해도 우린 이미 안다. 생각해보면 빈말은 진짜 속 깊은 성숙한 어른만이 할 수 있는 말이다. 생명을 살리는 오 헨리의 『마지막 잎새』 같은 거짓말이 그렇다.

빈말이라도 하고 살자. 당신이 있어 좋다고, 즐겁다고, 행복하다고, 당신 참, 멋지다고. 당신의 여자가 그런 말 듣고 "에이, 거짓말" 하며 발그레해진다면 당신의 거짓말은 정말이지 '참말 백 마디'보다 낫다.

“나는 오빠랑 얘기하는 게 세상에서 제일 재밌어”

“나는 오빠랑 얘기하는 게 세상에서 제일 재밌어.”

하루에도 “오빠!오빠!”를 수없이 부르는 아내. “하루 20번만 오빠 불러!”라고 하는 남편.

“오빠, 오빠는 왜 나랑 결혼했어?” 하고 물어보면 “네 마일리지 써보려고”라고 대답하는 남편. 이런 농담에 쿨하게 대화를 이어가는 아내. 말 좀 그만 쉬자는 남편에게 “오빠랑 말하고 싶어서 결혼한 것 같은데…” 하는 아내.

이렇게 행복한 결혼 이유가 또 있을까. 다른 부부 이야기가 아니다. 이효리와 이상순 부부 이야기다. 〈효리네 민박〉 1회 때만 해도 나는 아내 이효리 씨는 ‘말하고’ 남편 이상순 씨는 ‘잘 들어주는’ 남자라고 생각했다.

그 후 〈유 퀴즈 온 더 블럭〉에 출연한 이상순 씨가 말한 것을 듣고 깜짝 놀랐다. 부부는 닮는다더니! 나는 ‘바다와 같은 사랑꾼 상순 님이 효리와 결혼할 수 있었던 이유?'라는 이야기에 이끌리듯 빠져들었다.

이효리 씨의 이상형이 '이해심이 바다와 같이 넓은 사람'이란다. 진행하던 유재석 씨가 "상순 씨 이해심이 바다와 같이 넓은 사람 아녜요?"라고 말하자 "이해한다기보다는 아내를 그 자체로 괜찮다고 생각하는 편이에요. '나 같으면 저렇게 안 할 텐데' 하고 이해 안 될 때도 있지만 가만 지켜보면 결국엔 좋은 쪽으로 가더라고요. 효리는."

이상순 씨 말을 들으며 말을 참 잘한다 싶었다. 약간 느린 듯 이어가는 그의 말이 어떤 유려한 청산유수의 말보다 진정성 있게 들렸다. 결혼 초기엔 시행착오도 있었단다. 하지만 믿고 지켜보며 기다리면 되더란다.

나는 이 말을 현재 사랑하는 사람을 만나고 있거나, 그런 사람을 만나서 결혼했거나, 사랑을 꿈꾸는 사람 모두에게 전하고 싶다. 상대가 이해 안 될 땐 조금만 기다려보라고. 그러면 사랑하는 그 사람은 믿는 만큼 좋은 쪽을 선택할 것이라고. "그거 아니야. 틀렸어. 자긴 왜 그래?"라는 말로 다그치지 말고 그저 믿으며 기다려보자고.

다시 이상순 씨 이야기로 돌아가보자. 조세호 씨가 "어떨 때 불현듯 아내가 떠오르세요?"라고 질문했다. 어떤 대답을 할지 궁금했다. 여기부터가 진짜 내가 하고 싶은 얘기다.

"굉장히 사소한 사건부터 큰 사건들이 일상에서 일어나면 탁 떠올라요. 빨리 효리하고 이 얘기를 해야 되는데. '효리야, 내가 길거리에서 재석이 형 만났어' 그러면 '아, 그래? 뭐래?' 하며 리액션해요. 되게 재밌어요, 효리랑 얘기하는 게."

그는 아내의 리액션이 너무 재밌다고 말했다. 베스트프렌드이자 반려자를 만난 거라고. 두 진행자는 "하아, 하아" 감탄사를 쏟아냈다. "결혼생활을 한 단어로 표현한다면 시소 같아요. 올라갔다 내려갔다… 좋을 때도 있고 나쁠 때도 있고. 하지만 제자리에 있잖아요." 그의 말이 이어질수록 이 부부에게 감탄할 수밖에 없었다. 유재석 씨가 명 MC답게 마무리했다. 서로를 살피고 균형을 맞추며 감정선을 맞춰나가는 게 결혼생활이라고.

남의 이야기를 듣고 보는 것은 귀감이 된다. 행복하게 사는 사람들의 이야기를 들여다보고 배우면 더불어 행복해진다. 나는 '국민남편 top3'로 진행된 방송을 보며 이런 생각을 했다.

1. 부부란 무엇인가

2. 남편과 아내로 행복하게 산다는 건 무엇인가

3. 무엇이 부부의 행복을 유지하게 하는가

이 3가지 질문에 함축하는 대답은 어떤 걸까도 생각해봤다. 맛있는 걸 먹다 보면 그 사람과 같이 와야지, 하는 생각이 드는 것. 좋은 걸 보면 내 사람과 꼭 같이 와야지, 하는 마음이 드는 것. 예쁜 걸 보면 사주고 싶은 생각이 드는 것 등등.

사랑은 그 사람을 수시로, 무시로 떠오르게 한다. 그러니 맛있고, 멋있는 뭔가를 마주하면 자동적으로 떠오르는 것이 당연하다. 그럼에도 사랑을 증명하는 1순위를 말하라 한다면 나는 단연코 '말(대화)하고 싶은 사람'이라고 꼽는다.

대문호 톨스토이는 『안나 카레니나』에서 행복한 가정은 비슷하지만 불행한 가정은 저마다의 이유로 불행하다고 했다. 행복하지 못한 안나 카레니나의 방황을 예고하는 듯한 이 말은 가정에 대해 이야기할 때 자주 인용되는데 나는 안나가 불행했던 이유를 남편과의 교감 부재에서 찾는다. 남편과 말이 통했다면 사랑했을 거라고. 안나가 자살로 생을 마감하는 비극적인 일은 일어나지 않았을 거라고.

이제 '말하고 싶은 사람'에 대한 문제만 풀면 우리는 100점 사랑을 할 수 있지 않을까. 수려한 외모를 가진 사람이라면 좋을 거다. 눈이 즐거우니 바라보며 말하기에 좋을 테니까. 하지만 외모는 사랑의 계기가 될 수는 있어도 사랑을 지속시키는 전부는 아니다. 만날수록 더 만나고 싶고, 시간이 갈수록 더 좋아지는 사람이 말하고 싶은 사람이다. 이런 특징을 가진 사람 아닐까.

첫 번째는 잘 들어주는 사람이다. 내 말이 합리적인가, 그렇지 않은가를 따지지 않고 내 말 자체를 들어주는 사람. 두 번째는 충고와 조언을 아끼는 사람이다. 섣부른 지적으로 민망하게 하지 않고, 상대가 스스로 깨닫게 하는 사람. 이 2가지만으로도 충분할 것 같다.

예를 들어 상대가 쇼핑을 길게 한다고 치자. 그럴 때 어떻게 말하는 게 좋을까. "그만 사." "계획 좀 하고 나와." "다음엔 혼자 다녀. 나 힘들어." 이 말이 틀린 말은 아니지만 충고, 지적, 비난이 다 들어 있다. 솔직함을 내세워 거침없이 말해서 생채기를 내는 사람과는 말하고 싶지 않다. 그럴 땐 이상순 씨의 말을 응용해 봐도 좋겠다. 아내가 쇼핑을 과하게 한다 싶을 때 하는 말이란다. "효리야, 집에 비슷한 거 있지 않아?" 이 말을 하고 나머지는 아내의 결정에 맡긴단다. 그러면 아내는 현명한 선택을 하더란다.

"난 자기랑 말하는 게 정말 좋아."

한 여자에게 이런 말을 듣는 한 남자는 그 여자의 우주가 되었다는 의미다. 본디 사람 인(人)자가 두 사람이 서로를 지지하는 형상이라면 그 사람과 말하고 싶은 자체가 그를 깊이 지지한다는 의미가 된다. 그 사람과 말하는 게 즐겁고 재미있다는 말은 두 사람의 속내와 영혼의 교감이 이뤄지고 있다는 의미기도 하다. 사랑하는 사람에게 이 말을 듣는다면 얼마나 행복한 인생인가.

"난 자기랑 말하려고 태어났나 봐."

"난 자기랑 얘기하는 게 세상에서 제일 좋아."

남자들이 변했다,
남자의 변신은 무죄!

아들의 입대 전날. J와 가족은 아들의 훈련소가 있는 곳으로 내려갔고 저녁에는 그 지역에 살고 있는 J의 친구에게 식사대접을 받기로 했다. '친구가 전국구에 있다'는 말을 들을 정도로 친구가 많은 J. 친구 사이 매너를 확실히 지키는 J는 아들에게도 "아빠 친한 친구니까 예의 바르게 하는 거 알지?" 하며 약속 장소에 나가기 전, 몇 가지 당부 사항도 잊지 않았다.

식사 자리는 두 테이블에 마련되었다. J와 아들, 친구가 같은 테이블에 앉고 엄마와 딸이 다른 자리에 앉았다. 엄마는 아들의 테이블에서 들리는 화기애애하고 즐거운 분위기를 느끼며 딸과 맛있게 식사를 했다. 시기가 시기인 만큼 식사 자리만 하고, 아쉬움을 달래며 숙소로 돌아왔는데, 이때부터 J의 아들 걱정이 시작되었다.

"준석이, 쟤. 한마디도 안 지더라고!"

"왜? 무슨 일 있었어?"

마침 아들은 샤워하는 중이라 아내는 아들 눈치 안 보고 남편의 말을 들었다.

"남자애가 말이 많아. 저러다 군대 가면 고문관 소리 듣겠어."

"무슨 그런 무시무시한 말을 해? 우리 준석이가 어때서. 아까 무슨 일 있었어? 엄청 분위기 좋던데?"

"까라면 까는 게 군댄데, '왜요? 왜 그래야 하는데요?' 하고 따지면 어느 지휘관이 좋아하겠어."

"그게 무슨 구시대 유물 같은 소리야. 아무리 군대라도 할 말은 해야지. 요즘 같은 세상에 무조건 따르는 게 어딨어."

"이 사람이 큰일 날 소리 하네. 요즘 같은 세상이어도 군대는 군대야. 상명하복이어야지. 대들고 따지면 그게 군댄가? 명령에 살고 명령대로 해야지. 군기라는 말이 괜히 있겠어?"

"군대가 지금도 그래?"

"군대뿐 아니라, 나는 아버님 친구 오시면 무릎 한 번 못 펴고 조심성 있게 술 따라드리고 묻는 말에만 예, 아니오 정도로 입을 열었는데 준석이 쟤는 우리보다 말을 더 잘해. 어른들이 안 어려운가?"

"자기네 집은 좀 가부장적이고 엄격했잖아. J씨 종가네 하면서. 그러니 요즘 세대 아들하고 세대 간 갭이 더 크지."

"무슨 소리! 우리 동갑내기들은 다 그래. 아까 그 친구가 아들 똑똑하다고 했는데 그 말이 무슨 말이겠어. 우리 애가 자기 할 말 따박따박 한다는 말이잖아."

아내는 남편의 말을 듣다 보니 무슨 말인지 조금씩 이해되기 시작했다. 요즘 애들답고 전형적인 Z세대의 상징 같은 아들 준석. 하지만 남편에겐 당황스러울 만큼 낯선 아들의 모습이었을지 모른다. 아내는 불현듯 '남편이 아들에 대한 정보가 없구나' 하는 생각이 들었다. 남편은 아들의 성장 과정을 제대로 보고 느낀 적이 없었던 것이다.

가장으로서 성실하게 살아왔지만 육아에 참여한 적이 없는 남편. 아내도 아이 키우는 건 자신의 몫이려니 하고 아이들에 대한 이야기를 많이 공유하지 않았던 것 같다. 이렇게 자식에 대한 정보가 띄엄띄엄인 채 22세의 장성한 아들이 어른과 식사를 함께하며 대화하는 모습에 J는 이질감을 느꼈던 것이다.

Z세대 자녀와 베이비부머 세대 아빠들의 간극이 크다. '남자가 말 많으면 수염 안 난다'라는 말을 들은 아빠 세대와 '수염 제모'를 하고 싶은 Z세대 남자. 남자가 울면 안 된다는 '감정 억압'의 말을 들은 X세대 아빠가 Z세대 자녀와 감정을 공감해주는 '감정 코칭형 대화'를 해야 하는 시대다.

같은 X세대지만 엄마들은 부모교육서와 육아 강연 등을 참고하며 육아의 최전방에서 육아전쟁 치르듯 자녀를 키웠다면 아빠들은 후방에서 지켜만 봤던 것. 그러니 아들 세대를 이해하지 못하는 J 같은 아빠들이 많은 것이다.

자신의 개성을 내세우기보다는 '보편성'과 '공동체'를 우선시하는 아빠 세대의 가치관으로 '남과 다른 개성, 자신의 행복과 자기계발에 투자하고, 소유보다 경험을 가치 있게 생각하는 파이(PIE, Personality·Invest in Myself·Experience) 세대' 자녀와 대화하다 보면 J처럼 이질감을 느낄 수 있다.

이질감을 느끼는 건 문제가 안 되지만 이것을 자녀 세대 탓으로 돌리면 문제가 된다. 어느 세대의 가치관이든 소중하다는 마음으로 세상의 변화를 인정하는 태도, '변화'를 '변질'로 깎아내리지 않고 '부정'이 아니라 '인정'하는 태도가 중요한 것이다. 남자들이 변했고 아들들이 변했다는 걸 인정하는 아빠는 자녀와 대화가 된다.

120세 시대가 눈앞에 다가왔다. 초산 연령이 30세라는 통계에 비춰볼 때 자녀와 부모는 90년을 함께 살아가야 한다. 90년을 동행하는 동안 더 많은 변화를 겪겠지만 받아들이고 인정하는 자세라면 무엇이 부모-자녀 대화를 가로막겠는가.

아내는 남편 J에게 언젠가 읽은 기사 한 꼭지를 풀어가며 '요즘 아이들'에 대한 이야기를 들려줬다.

"요즘 애들은 꼬박꼬박 말대꾸하는 세대야. 근데 말대꾸가 아니라 자기 생각을 말하는 거로 인정해야 말이 된대. 대꾸가 아니라 '대답'인 거지."

"대답으로 생각하느냐 대꾸로 생각하느냐, 그게 문제로다."

남편의 반응에 아내는 웃었다. 아내는 아들이 입대하는 전날, 남편도 이런저런 걱정으로 만감이 교차하리라 생각하며 남편을 꼭 안았다. 아들이 샤워하고 나오며 이 장면을 보더니 "아빠, 울어요?" 한다.

"인마, 남자가 울기는…."

"아빠, 남자도 우는 거야. 남자도 울 땐 울어야 해. 그래야 인간적이지."

그러더니 아들은 덧붙여 말했다.

"걱정 마요. 요즘 군대는 아빠 때와 달라. 그리고 만약 군대가 역시 군대라면 제가 적응해야죠. 나, 눈치 있어. 상황 파악해서 기라면 길 테니까 걱정 마요."

뒤척이던 아들이 잠든 모습을 보던 J는 말했다.

"여보, 남자들이 변한 거야? 우리 아들이 저런 거야?"

아내가 말했다.

"다행히 둘 다야, 여보."

마음까지 해결하려는 해결사

"자기야, 나 오늘 칭찬받을 일 있어."

"뭔데?"

"내가 오늘 백화점 갔다가…."

"또 백화점 갔어?"

"아… 끝까지 들어봐. 갔는데 아무것도 안 사고 왔어."

"…"

현석 씨는 '칭찬받을 일이 뭐지?' 하며 여자친구를 바라봤다.

"사실 마지막까지 고민했는데 안 샀어. 내가 전부터 갖고 싶던 샌들 알지? 세일 하더라. 근데 꾹 참고 왔어. 나 잘했지?"

여친은 콧소리까지 내며 '나 잘했지?' 한다. 여기까지 들은 현석 씨는 기가 찼다. 아무리 구두를 좋아한다 해도 그렇다. 여친의 구두는 정말 많다. 그런데 이번엔 샌들이 갖고 싶었다고? 현석 씨는 자신도 모르게 "자기 샌들 없어? 엄청 많잖아" 해버렸다. 그 말에 여친의 표정이 냉랭해졌다.

"무슨 말을 그렇게 하니? 누가 없댔어?"

"그러면 안 사는 게 당연한 거지."

"암튼, 말이 안 통해. 자기가 무슨 판사야? 해결사야? 뭐가 당연해? 왜 남의 마음도 모르면서 무 자르듯 단칼에 판단하고 해결하려고 하냐고? 말이 통해야 말을 하지."

현석 씨는 뭣 때문에 여친에게 말이 안 통한다는 한심한 눈빛을 받아야 하는지 어안이 벙벙해졌다. 그리고 자기가 뭘 단칼에 자르고 해결하려 했단 말인가. 현석 씨는 억울한 듯 말했다.

"내가 뭐 잘못한 거 있어?"

솔직히 현석 씨 말인즉 틀린 말은 없다. 다만 맞는 말을 하더라도 여친의 마음부터 알아주는 게 먼저라는 걸 놓친 거다. 사람은 자신의 행동에 맞다, 틀리다를 판결하는 사람을 원하지 않는다. 현석 씨 여친은 샌들을 안 샀으니까 칭찬받을 일이라고 말했다. 현석 씨가 보기엔 아이 같은 화법으로 비쳤겠지만 인간은 욕망이나 욕구를 조절했을 때 마음 한켠엔 아쉬움도 있기 마련이다. 여친은 '사고 싶다'와 '사면 안 된다' 사이에서 안 사는 것으로 욕구를 절제한 만큼 갖고 싶은 것을 가지지 못한 아쉬움도 컸던 것. 이 아쉬운 마음을 남친의 칭찬으로 채우고 싶었던 것이다.

'그렇게 신발이 많으면서 또 사려고 했단 말이야?' '당연히 안 사야 정상이지' 이런 마음이 들더라도 '사고 싶었던' 마음을 헤아리는 말이 먼저 나와야 한다. "안 사는 게 당연해. 신발 많잖아"라고 상황을 정리해주는 말은 안 하느니만 못하다. 여친이 말을 꺼낸 이유는 무엇일까. 그럴 땐 어떻게 말하면 말 통하는 남자가 될까.

먼저, 여친의 마음을 알아준다. 그 샌들이 정말 갖고 싶었다는 마음을 알아주어야 "갖고 싶었는데도 잘 참았네"라는 말이 나온다. 그런데 샌들을 사고 싶은 마음을 비난하면 기분이 나빠질 수밖에 없다. 그런 말 들으려고 꺼낸 말이 아니기 때문이다. 마음을 비난받고 싶은 사람은 없다. 갖고 싶은 마음과 갖지 못한 아쉬움에 대한 공감과 위로를 원하는 사람에게 해줄 말은 "갖고 싶었는데 잘 참았네, 우리 자기"다.

두 번째, 상대의 마음을 정리해주려고 하지 않는 거다. 해결사 기질이 강한 사람이라면 이 부분을 특히 조심해야 한다. "안 사는 게 당연하지" "그건 사치지"라는 판단과 평가는 불쾌하게만 한다. "안 사길 잘했어. 샀으면 후회했을 거야" "구두 좋아하는 것도 병이야" "이번에도 샀으면 그건 문제지" 등등의 말이다.

상대가 원하는 말을 하는 사람이 말 잘하는 사람이다. 상대가 칭찬을 원한다면, "정말 갖고 싶었는데도 안 샀다니 우리 자기, 역시 최고야"라고 말하면 된다. 만약 "이번에 못 사서 너무 아까워. 다시는 그런 기회 안 올 텐데" 하며 안타까워한다면, 또는 어떻게 말해줘야 할지 애매할 땐 "그랬어?" 정도로 반응하고 적극적으로 개입하지 않아도 된다. 상대의 마음은 상대의 것이니 그냥 두는 거다. 마음의 주인이 자신의 마음을 진정시키고 해결할 것이므로.

남자의 특징 중 하나로 해결사 기질을 꼽는다. 상대의 말을 들으면서 '내가 어느 지점에서 무엇을 어떻게 해결해야 하지?' '어떻게 해결해줘야 하나?' 하는 마음이 가동하는 것이다. 그냥 들어주면 되는데 어느 지점에 개입해서 해결해주어야 할지 생각하면 실언할 수 있다. 남의 마음을 해결해주려고 하지 말자. 의견을 물어볼 때도 해결방법을 애써 말할 필요 없다. "자기 생각은 어떤데?" 하며 되물어주고 들어만주어도 충분하다. 말하다 보면 여친 스스로 솔루션을 찾기도 한다.

상대가 해결 불가능한 말을 하며 답을 원하더라도 '그냥 들어주길 원하는구나.' '자신의 편이 되어 들어줄 사람이 필요하구나.' 이런 마음으로 들으면 대화의 고수가 된다. 입을 열기보다 '귀를 여는' 대화법이다. 상대의 마음까지 해결하려는 데 들이는 에너지를 듣는 에너지로 전환시키면 '진짜 대화 되는 남자'가 된다.

누구든 자기 마음을 타인이 해결해주길 바라지 않는다. 자칫하면 마음의 주인인 자신을 무시한 충고나 비판으로 듣는다. '충(충고)조(조언)평(평가)판(판단) 금지!' 어떤 사람의 카톡 상태 메시지처럼 우리는 내 마음을 함부로 해결하려는 사람을 원치 않는다. 경청과 공감이라는 말처럼 마음에 귀 기울여주고 마음을 알아주는 사람을 원하는 것이다.

말 잘하려면
감정발달이 먼저다

"나 정말 언제까지 다녀야 해? 진짜 더럽고 치사해서 회사 확 그만두고 싶어."

딸이 퇴근해서 들어오며 하는 말이다. S는 마침 거실에서 TV를 보고 있었다. 아내가 뭐라고 하기 전에 얼른 딸에게 간 S는 "직장 다니는 게 진짜 메스껍고 치사하지?" 하곤 딸의 어깨를 감싸며 거실로 왔다. 아내는 "부녀가 죽이 착착 맞아서는… 얼른 밥 먹어. 그런 게 직장이지 뭐. 엄마는 안 힘든 줄 아니?" 하는 정도로 부드럽게 넘어간다. 다른 때 같으면 "직장이 그럼 꽃길이냐? 향기롭고 아름답게? 아니꼽고 치사하고 유치한 게 기본이지. 엄마 직장 다닐 때는…" 하며 일장연설을 했을 것이다.

S도 안다. 아내가 딸이 길게 푸념하지 않게 좀 세게 나가는 것을. 일종의 충격 요법이라고 할까. 하지만 S는 안다. 딸이 원하는 건 충격 요법이 아니라 자신의 마음을 알아달라는 것임을.

신혼 초였던가, S가 만년 대리에 머물던 즈음이었다. 그야말로 '다 때려치우고' 싶었다. 출근하는 아침이 싫었고, 말로만 메스꺼운 게 아니라 진짜 속이 울렁거려서 위내시경 검사까지 받았다. 그때 아내가 보인 반응이 지금도 생생하다.

"자기야, 그렇게 힘들면…."

아내의 말에 퍼뜩 정신이 든 S는 이렇게 말했었다.

"아냐. 다녀야지. 검사 결과 멀쩡하다잖아. 별일 아냐. 스트레스 땜에 좀 메슥거렸나 봐."

그때 아내가 자신을 안으며 말했었다. "미안해. 가족들 때문에…." 그 이후로 S는 직장 때려치워야겠느니, 가슴에 사표를 품고 다니느니, 하는 농담조차 하지 않았다. 아내가 자신의 마음을 알아주는 말이 그렇게 위로가 되었었다. 아내는 가족 먹여 살리느라 너무 힘들어서 어떻게 하느냐며 미안하다고 했지만 솔직히 아내는 그 돈으로 식탁을 차리고 집안을 돌보고 아이들을 키우고 있었지 않은가. 그리고 십수 년이 지난 지금, S는 직장 다니기 힘들다는 딸에게 아내에게 받은 은혜로운 말을 돌려주고 있는 것이다.

상대의 감정을 '감정적'으로 받아치는 사람이 있고, 감정을 감정으로 받아들이며 공감해주는 사람이 있다. "아, 진짜 때려치워야지. 여기 아니면 굶어 죽겠어?" 할 때 A와 B 중 어떤 반응이 상대의 감정을 내치는 반응이고, 어떤 반응이 공감 반응일까? 우리는 어떤 반응을 원할까.

A: 자기만 힘들어? 나는? 나는 안 힘들어? 세상에 힘들지 않은 사람이 어딨어? 다 참고 사는 거지. 관두면? 우린? 사람이 어떻게 그렇게 무책임한 소릴 하니? 애도 아니고.

B: 우리 자기, 그만두고 싶을 만큼 많이 힘들구나. (안타까워하며) 힘들어서 어떡하지?

나는 B처럼 말하는 사람이 좋다. "힘들어서 어떡하지?" 할 때 안아주며 말하면 더 좋겠다. 하지만 가까운 사이일수록 상대의 감정을 안아주기보다 감정을 내치게 된다. 가까울수록 즉각적이 되어서 그렇다. 걱정, 불안, 초조, 안타까움을 동반한 복잡한 감정에 휩싸여 비난의 말도 한다. 상대가 바라는 건 감정을 알아달라는 건데 오히려 감정을 비난하는 것이다. 마음은 그렇지 않은데 엉뚱한 말이 나오기도 한다. 가까운 사이일수록 더 그렇다.

상대의 '감정'을 '생각'으로 전환해서 받아들이는 것도 이유다. '무슨 의도로 저런 말을 하는 거지?'라는 생각에 추궁하거나 "무슨 생각으로 그런 말 하는 거야? 대책은 있어? 대책은 세우고 그런 생각하는 거야? 나는 더 힘들어. 애 보랴 살림하랴 직장 다니랴 몸이 열 개라도 모자란다구. 이런 나를 보고도 그런 말이 나와? 자기만 힘들어? 인생, 그렇게 만만하지 않아. 다 힘들다구." 이렇게 누가 더 힘든지 요목조목 따지며 갈등 국면으로 치닫는다.

감정을 감정으로 받아들이면 '아, 힘들어서 그러는구나'로 교감이 가능해지지만 '감정적'이 되거나 '생각'으로 전환해서 따지면 '뭐가 힘든데? 너만 힘들어?'로 상처를 주게 된다.

먼저, 감정을 안아주자. "힘들었구나" "속상하구나"라는 말이다. 나를 믿고 감정을 털어놓는다고 생각하면 말도 부드럽게 나온다. 별 뜻 없이 힘들다고 한 말에 죽기 살기로 따지면 서로 피곤해진다. 피곤해진 두 사람이라면 감정 교류는 불가하다.

두 번째는 상대의 감정을 막지 말자는 것이다. 감정을 막으면 감정적인 말이 홍수처럼 넘쳐난다.

"아, 그렇다는 거지. 대충 좀 넘어가. 무슨 말을 못해."

"그게 대충 넘어갈 말이야?"

"그럴 때 위로라도 해주면 안 되냐?"

"위로하게 생겼어? 나도 힘들다고."

이렇게 서로에게 날카로운 말을 서슴없이 날린다. 그 말들 가운데에 감정 쓰레기 같은 말이 다수 섞여 있음은 물론이다.

감정발달이 잘 된 사람과 그렇지 않은 사람이 있다. 대책 없이 화를 내는 사람이 있고, 화난 것을 알아차리고 그 화를 어떻게 낼 것인지 신중하게 선택하는 사람도 있다. 후자는 자신의 감정이 일어난 이유를 아는 '초감정이 발달'한 사람이다. 모든 감정은 소중하지만 그 감정을 어떻게 표현하는가에 따라 감정의 노예가 되기도 하며, 감정의 주인이 되기도 한다.

감정의 주인이 되려면 감정발달이 먼저다. 감정(화)에 끌려다니는 사람이 아니라 감정을 조절하는 사람, 그런 사람이 공감의 말을 할 수 있다.

만약에 아내와 엄마 사이에 갈등이 있는 경우라면 어떻게 하면 좋을까? P는 아내가 전화기를 내려놓기 전에 얼른 일어서려고 했다. 사실 엄마와 아내가 통화하는 걸 듣고 싶지 않았지만 아내가 손짓하며 앉아 있으라고 해서 지금까지 참고 있었던 것. 통화를 마친 걸 보고 P가 일어서는데 아내가 말한다. "자기야, 나 어머니랑 통화하다 보면 진짜 스트레스야. 다음엔 자기가 해."

이럴 때 어떻게 하면 감정발달이 잘 된 사람, 감정의 주인이 되는 말을 하는 사람이 될 수 있을까? 방법이 있다. "우리 자기, 엄마 때문에 스트레스 받았구나!"라며 일단 '우리'라는 말을 넣어 말하는 것이다. 너랑 나랑은 한편이라는 마음을 전하는 단어로 '우리'라는 말만 한 게 없다. 이 순간은 '우리 엄마 아들'이 아닌 '아내의 남편'이라는 동류의식을 강하게 어필하는 말을 하는 것이다. 그런 후에 아내의 말을 들어주면 상황 종료다.

그런데 만약 P가 이런 반응을 한다면 어떨까.

"내가 엄마 가르치리?"

"네가 좀 잘해봐."

"우리 엄마, 원래 그런 분 아니신데…."

이러면 문제는 커진다.

"내가 개입하면 나빠질까 봐 가만히 있는데… 자기야, 말만 해. 내가 지금 엄마한테 전화할까? 솔직히 요즘 자기 같은 며느리가 어딨다고. 우리 엄마도 참!"

이렇게 한술 더 떠도 된다. 남편이 자기편을 들어주는 동안 아내의 울화는 풀어져 "아니야. 됐어. 자기라도 어머니랑 잘 지내야지" 할 것이다. 만약 이런 말도 저런 말도 하기 어렵다면? 그렇다. "그러네" "그랬겠네" 하며 아내 말을 잘 들어주면 된다.

'원래 내가 말을 잘 못해서, 감정 표현을 잘 못해서 걱정'이라는 남자도 있다. 하지만 감정발달은 원래(선천적)가 아니라 노력(후천적)에 달렸다. 공감 또한 할수록 잘하게 된다. 아내가 "아, 짜증나" 하면 "짜증나는구나" "아, 힘들어" 하면 "여보, 힘들구나" 하고 그 감정을 받아주면 되는 것이다. 감정을 알아주는 것은 그 사람을 소중히 여기는 마음이다. 감정을 알아주고 따뜻하게 안아주는 말만 잘해도 당신은 말 잘하는 남자다.

비난·경멸·방어의 말은 상처가 된다. 말이 서툴다면 마음을 담아서 손을 잡아주는 사랑의 표현으로 다사로운 마음을 전해보자. 실수한 자녀에게 "괜찮아?"라고 물어보며 안아주는 것, 인생의 짝에게 '어루만지는 말'을 하는 것은 스킨십처럼 따뜻하게 쓰다듬는 느낌을 준다. 행동으로 하는 말로 관계가 돈독해질 수 있다. 긍정의 눈빛으로 칭찬하는 말, 인정하는 말, 에둘러 완곡하게 말하며 내 사람 편이 되어준다면 그걸로 충분하다.

2장

입이 아닌 행동으로 하는 말

"난 무조건 네 편이야"

백 마디 말보다 꼭 잡은 손

친구가 신록이 너무 아름답다며 집으로 초대했다. 친구는 "5월에 안 오면 후회할 거야"라며 옴짝달싹 못하게 날짜까지 못박았다. 친구 집은 산에 둘러싸인 아늑한 곳에 있다. 전원주택도 아닌 아파트인데 마치 터를 고르고 골라 정성 들여 지은 집 못지않다. 전생에 무슨 복을 지었길래 이런 집을 갖게 되었느냐고 부부는 좋아한단다.

점심식사를 하고 신록에 싸여 티타임을 갖는데 "아, 행복하다"는 말이 저절로 나왔다. 친구가 가꾼 수국이며 인동초는 싱그럽고 우아한 작약꽃까지 피었으니 호사 중 호사였다. 그런데 그날 나는 5월의 신록과 꽃을 보며 티타임을 가진 행복 이상의 무엇을 느끼고 왔다. 지금부터 그 이야기다.

결혼을 몇 달 앞둔 친구의 딸 U가 우리가 있는 옥상 정원으로 올라왔다. U의 친구들이 방문했단다. 우린 내려가 주방의 식탁에 자리 잡았는데 U와 친구들의 이야기가 들려왔다. 고양이가 자유롭게 다니도록 방문을 열어둔 덕분에 그들의 이야기를 들을 수 있었던 것이다.

"난, 너 결혼 안 할 줄 알았거든."

"나도. 넌 아빠 같은 사람 만나야 결혼한다고 했잖아. 너네 아빠랑 진짜 비슷해?"

나는 이 대목부터 한마디도 놓칠 수 없었다. '아빠 같은 남자를 만나면 결혼한다?' 이 무슨 드라마 대사 같은 말인가. U는 친구들의 질문에 이렇게 말했다.

"딱 내가 좋아하는 우리 아빠 모습을 골고루 가졌어. 그리고 내가 오빠를 정말 평생 사랑하고 잘해줘야지 하고 결심하고 감동한 게 있었는데…."

주방에 있던 친구와 나, 방 안에 있는 U의 친구들 모두 다음 말을 기다렸다.

"우리집에 인사를 와서 밥도 먹고 차 마시고 집에 가는데 내가 지하철역까지 배웅하면서 '오빤 좋겠다. 이제 우리집에 인사를 했으니 숙제 풀었네? 나는 오빠네 집에 가는 거 떨려' 그랬거든. 그랬더니 어땠는 줄 알아?"

"어땠는데?"

"그때 우리가 손잡고 걷고 있었는데 그 말을 들은 오빠가 내 손을 더 꼬옥 잡는 거야."

그게 다였다. 거창하고 대단한 말이 아니라 잡고 있던 손을 꼬옥, 잡아주었다는 것이 전부였다.

"그게 다였어?"

"응, 나는 그때 세상 어떤 말보다 사람을 위로하는 스킨십을 느꼈어. 이렇게 말하는 거 같았거든. '걱정하지 마, 오빠가 있어, 괜찮아, 우리 부모님은 널 너무도 좋아할 거야. 네 맘 알아.' 이런 마음이 확 와닿는 거야. 그때 만약 오빠가 '그게 뭐가 떨려?' 식으로 맞받아쳤다면 얘긴 달라졌을 거 같아."

이 이야기를 듣던 내 친구가 내게 나지막이 말했다.

"나도 저 얘기 들었어. 우리 딸이 맨날 아빠 같은 남자 타령했거든. 자기가 평생 본 아빠는 공감 대장이라나. 일단 상대 말을 맞받아치지 않고 맞장구쳐준다는 거지. 그런데 사윗감 말투가 아주 괜찮더라구. 일단 상대 말을 잘 들어줘. 그리고 '뭐가 그러냐? 그렇지 않다' 이런 식으로 말하지 않고 본인이랑 생각이 다르더라도 바로 틀리다는 말을 안 한대. 의견이 안 맞으면 자기도 더 생각해보겠다고 한다더라. 말 연구가인 네가 보기에도 예비 사위 말습관이 좋지?"

친구는 나를 '말 연구가'라고 한다. 내가 말에 대해 엄청 관심이 많은 걸 알기 때문이다. 나는 말 연구가로서 단언컨대, 예비 사위 말습관이 그 정도면 아내에게 사랑받고 아이들도 잘 자랄 거라고 말해주었다. 어떻게 단언하느냐고 묻는다면 확실한 근거로 증명해 보일 수 있다. 이를 뒷받침할 강력한 연구가 있기 때문이다. 부부연구의 대가 존 가트맨 박사의 연구다.

가트맨 박사에 의하면 관계(부부)의 달인과 관계의 폭탄 차이는 '대화의 방식'에 있다고 한다. 최소한 이것만 안 하면 된다. 비난, 경멸, 방어, 담쌓기의 말이다. 이 4가지를 반복적·습관적으로 사용하는 부부의 이혼율은 90% 이상이었다. 단지 '대화'만으로 분석했음에도 정확한 연구로 명성이 높다.

예를 들면 "나 떨려"라고 할 때 어떻게 말하는지, 그 대답에 따라 행복하게 살 수 있을지를 예측할 수 있는 것이다.

남자 1 : 왜 그래? 뭐 잘못한 거 있어? 뭐가 떨려?

남자 2 : 자기같이 할 말 다 하는 사람이 떨린다고? 의왼데?

남자 3 : 나도 자기네 집에 오면서 떨렸어. 처음엔 다 그런 거지 뭐.

남자 4 : 담담하게 가면 되지 뭘 그래. 우리 부모님, 편하게 해주시는 좋은 분들이야.

가볍게 웃자고 한 말이든, 편하게 해주려는 의도의 말이든 점수 후하게 줄 수 없는 말이다. 이 말을 할 때의 말투에 따라서 상대방은 '담쌓기'를 할 수도 있다. 듣는 사람의 성향에 따라 비난, 경멸, 방어의 말처럼 느끼기도 한다.

사람이 저마다 다르듯 같은 말에 대해서도 반응이 다르기 마련이다. 누군가는 "나 떨려"라는 말에 "뭐가 떨려?" 해도 아무렇지 않은 사람도 있다. 반면에 "알아, 떨리는 네 맘"이라고 맞장구쳐주길 간절히 바라는 사람도 있다. 잡고 있던 손을 꼬옥 잡아주는 사람에게 백 마디의 말보다 더 감동해서 평생 사랑을 맹서하는 사람도 있다. 원하는 것이 각각 다른 것 같지만 알고 보면 한 가지다. '내 마음을 알아줘'다.

결혼을 앞둔 예비부부라고 해서 항상 핑크 기류일 순 없다. 오히려 더 예민하고 민감한 때다. 감정을 지지하는 말, 마음을 헤아리는 말이 어느 때보다 필요하다. 말 한마디에 결혼이 무효가 되는 경우도 있다. 그러니 살피고 삼가며 말조심해야 한다. 비난과 경멸과 무시할 마음이 없었어도 말투는 어떤지 살피자. 맞받아치지 않고 맞장구쳐주는지에 따라서 같은 말도 다르게 전달된다.

U의 예비 신랑처럼 마음을 담아서 손을 꼬옥 잡아주는 건 만국 공통의 사랑 표현이다. 당신의 마음은 이렇게 다사롭게 전달될 것이다.

'네 맘 알아.'

'그렇구나.'

'네 곁엔 내가 있어.'

뭐라고
말해야 할까?

"야!"

아빠가 소리 질렀다. 아들이 뛰어다니다가 컵을 떨어뜨렸던 것이다. 컵에 든 음료가 아빠 바지에 튀었는지 벌떡 일어나 휴지로 닦으며 달아나려는 아들에게 다시 소리쳤다.

"야, 이리와."

아이가 주춤거리며 아빠 앞에 선다.

"너 왜 그러니? 아까부터 아빠가 조심하라고 말했지? 그랬어, 안 그랬어?"

아이를 다그치던 그는 아내를 보며 "쟤는 누구 닮아서 저 모양이야? 애가 조심성이라곤 없어" 한다. 아내는 "자기 닮았지 뭐, 자기도 어렸을 때 엄청 나대서 아버지한테 맨날 혼났다며?"이 말을 듣던 아이가 혀를 내밀며 "메롱" 한다.

"애 앞에서 남편 깎아내리기는…."

그러는 사이 카페의 직원이 왔고 세 사람을 번갈아 보며 말했다.

"괜찮으세요? 다친 데는 없으세요?"

어느 날 카페에서 본 풍경이었다.

이 모습이 마치 데자뷰 현상 같았다. 문득 K 교수와 아들의 일이 떠올랐기 때문이다. 모임의 이유는 정확히 기억나지 않지만 무언가 축하할 일이 있어 K의 집에 몇 가족이 모였었다. 사람들이 모이면 아이들은 더 신나기 마련이다. K의 아이도 예외는 아니었다. 몇몇 아이들과 신나게 거실을 뛰어다니며 놀다가 사달이 났다. 아빠가 아끼는 장식품을 깬 것이다. 아빠는 잰걸음으로 아이에게 갔다.

K의 아내는 개입하지 않고 우리와 어울려 호스트의 역할을 했기에 참석한 사람들은 그 일에 더이상 관심을 두지 않았다. 하지만 나는 K의 다음 행동이 정말 궁금했다. 잠시 후 '부모교육'과 '훈육'의 소재로 저만한 에피소드가 있을까 싶은 일이 일어났다.

K는 아들에게 말했다.

"괜찮아? 다친 데 없어?"

나는 아이에게 한껏 감정이입이 되어 있었기에 K의 말에 안도함은 물론 따뜻해지기까지 했다. 아이는 아빠를 쳐다보며 "안 다쳤어요" 했고, K는 아이가 괜찮은지 확인한 후 말했다.

"그럼 됐어. 빗자루와 쓰레받기 가져와."

아이는 빠르게 빗자루와 쓰레받기를 가져와 아빠에게 주며 말했다.

"죄송해요. 아빠가 뛰지 말라고 했는데… 제가 치울게요."

"그래. 알았으면 됐다. 같이 치우자."

아빠는 잘못을 지적하지도, 혼내지도 않았는데 아이는 스스로 무엇을 잘못했는지 파악하고 문제를 해결하고 있었다.

아이를 키우다 보면 거친 말이 나올 때가 훈육상황이다. 아이가 말을 안 듣고, 잘못을 지적했는데도 자꾸 반복된 실수를 하니 부모로서는 화를 넘어 분노가 치밀 때도 있다. 그러다 보면 아이에게 하지 않을 말실수도 하게 된다.

"야, 너 왜 또 그래?"

"왜 그 모양이야?"

이름도 부르지 않고 '야, 너'라며 막 대하기도 한다. 아이의 '잘못만' 말한다는 훈육의 원칙을 무시하고 '아이 자체'를 비난하고 인격을 디스하는 의미의 "왜 그 모양이야?" "어디 말대꾸야!" "말 안 들으려면 나가" "그렇게 하기 싫으면 다 때려치워" "그러다 뭐 먹고 살래?"는 어떤가. 심지어 징계권이 민법에서 삭제되었음에도 "맞아봐야 말을 듣지"라는 시대착오적이고, 위협적인 말로 겁주는 아빠도 있다. 때리면 절대 안 되는 건 물론이고 그 말에 정서적 학대의 여지가 있다는 걸 모르고 하는 것이다.

아이는 실수하며 자란다는 것을 모르는 아빠는 없다. 하지만 현실 육아에 부딪히면 "야!" "너!"라고 소리부터 지르고 혼낸다. 아빠가 혼을 내면 혼나는 아이의 혼은 혼비백산되어 아빠의 말이 안 들린다. 겁에 질리고 혼이 나갔는데 아빠의 가르침(훈육)이 들릴 리 없다. 그러니까 "몇 번을 가르쳐주고 말했는데도" 같은 실수를 반복한다.

아이가 실수하며 성장하는 이유가 또 있다. 실수를 통해 부모의 가르침을 받고, 반복되는 가르침을 명심하며 성장하는 것이다. 실수를 반복하는 건 아이의 자연스러운 발달 특성이다. 마음은 그렇지 않은데 행동은 다르게 할 수도 있고, 가르침을 잊어버려서 그럴 수도 있고, 아이의 욕구가 앞선 나머지 이성의 통제가 안 돼서 그럴 수도 있다.

당신은 '카페에서의 아빠'도 될 수 있고, '장식품을 깬 아이의 아빠'가 될 수도 있다. 조심성 많은 아이의 아빠도 될 수도 있고, 눈만 뜨면 말썽부리는 아이의 아빠도 될 수 있다. 모처럼 실수하든, 실수를 밥 먹듯 하는 아이든 아이를 향한 아빠의 말은 이랬으면 좋겠다.

1. "괜찮아?"라고 아이에게 묻고(아이의 현재 상태와 감정 존중)
2. 아이와 함께 상황 수습(책임감과 문제해결력 높이기)
3. 앞으로 실수를 덜 하는 방법 의논(대안 제시)

"괜찮아!"라며 아빠의 일방적이고 단정적인 말을 하라는 게 아니다. 아이에게 "괜찮아?"라고 물어보는 것이다. 이 물음은 아이의 현 상태와 감정을 어루만지며 아이의 대답을 듣기 위한 것이다. 아이가 만약 "놀랐어요" 한다면 안아주며 진정시키고, "괜찮아요"라고 한다면 아이와 함께 문제를 해결하면 된다.

만약 일방적으로 아이를 혼내고 "저리 가 있어"라며 아빠 혼자 상황을 수습한다면 훈육의 기회를 놓치게 된다. 실수와 잘못을 통해 문제해결력을 키워주지 않고 부모가 문제를 수습한다면 아이의 책임감도 기를 수 없다.

가르치며 기르는 게 훈육(訓育)이다. 실수야말로 아이에겐 배움과 성장의 기회다. 화내며 혼내지 말고 아이의 감정에 공감하고 그다음에 가르치면 된다. 선공감(先共感) 후교육(後教育)이다.

아이들은 아빠를 보며 세상을 본다. 아빠의 말과 행동 그 자체가 교육인 것이다. 아빠가 롤모델이라고 하는 이유이기도 하다. 아빠가 제공한 '세상을 바라보는 창'이 아이의 세상이 되고 아빠의 말이 아이들의 미래가 된다는 게 부모교육전문가인 내가 강조하는 부분이기도 하다. 이 말을 입증하듯 K 교수의 아들은 잘 자라 세계 유수의 대학에 합격했다. 입학 추천서에는 '인성'과 '리더십'이 강조되었다는 후문이다. 나는 내 말을 증명해준 K의 아들이 고마워서 거듭 축하했음은 물론이다.

PS : 아이는 빗자루와 쓰레받기를 빠르게 가져왔었다. 평소에도 청소와 집안일을 돕게 하는 등 통제와 허용의 하모니 육아를 했던 것이다.

아버지는 몸으로 말한다

한 교육잡지 1월호에서 어느 교장 선생님의 신년인사를 보았다. 새해 포부와 리더십을 보여주는 몇 신년사 가운데 특히 교장 선생님의 글은 인상 깊었다. 새해 비전과 공약으로 거창한 다른 글에 비해 이분의 글은 소박했지만 나는 읽고 또 읽었다. 새해를 맞아 자신의 계획과 할 일을 공표해서 새해 다짐을 공고히 하려는 의지가 보이는 글이었다. 나는 그 글을 읽으며 2가지 확신이 들었다.

첫 번째, 이분은 아내에게 잔소리 듣지 않을 것이다.

두 번째, 이분은 자녀에게 존경받을 것이다.

그렇다면 남자로서, 아버지로서 성공한 인생이라는 생각이다. 이 글의 서두에서부터 이미 그런 요소가 충분히 담겨 있었다. '내가 계획하고 내가 실천할 수 있는 일들이 새해에는 무엇이 있을까? 무엇을 중심으로 할까? 등 많은 상념이 머릿속을 오간다'처럼 남에게 당부하는 글이 아닌, 스스로를 일깨우고, 모범을 보이는 것으로 새해를 계획하는 자체가 그러했다. 아버지는 모름지기 몸으로 보여주는 분 아닌가.

부모가 되거나, 나이 들거나, 윗사람이 되면 자신도 모르는 사이에 '잔소리'가 많아진다. 아는 게 많고, 가르치고 싶은 게 많고, 보이는 게 많고, 그만큼 걱정도 많아져 시시콜콜 잔소리하게 되는 것이다. 당부의 말, 조언 등을 내세워 말이 많아지면 그 말을 들을 상대는 피하게 된다. 젊은 세대, 후학들은 자신들에게 지적과 잔소리를 하는 '그분들'을 보며 모순도 본다. 그러면서 속으로 생각한다.

'당신이나 잘하세요.'

자녀들도 마찬가지다. 세대 간 대립이나 부모 자녀 갈등이 많아지는 이유다. 그런데 교장 선생님은 이런 가르침의 말은 일절 하지 않았다. 부모로서의 잔소리도 없었다. '이런 아버지의 자녀는 좋겠다'는 생각이 새록새록 들었다. 그리고 이 시대의 아버지란 무엇인가를 생각했다. 퍼주고 퍼주어도 자녀에게 존경과 감사 인사를 받기 힘든 이 시대 아버지들. 자녀들이 더 나은 아버지, 더 훌륭한 아버지들과 비교만 안 해도 고마울 뿐이라는 어느 아빠의 말이 과장은 아닐 것이다.

하지만 이 글처럼 아버지는 입으로 말하기 전에 몸으로 말한다는 것을 보여준다면 어느 자녀가 잘 자라지 않을까 싶다. 몸으로 말하는 아버지가 필요한 시대다. 자녀들은 이미 부모의 지식과 정보력을 앞서고 있다. 말로 가르치는 시대가 아니라 몸으로 말하는 시대인 이유다.

'아버지'는 남자이기에 가질 수 있는 위대한 호칭이다. 아이에게 아버지의 말은 무릇 영향력이 크다. 특히 아버지의 말은 중저음의 바리톤으로 묵직한 울림을 주는 특징이 있다. 아버지의 말은 무게감 있게 다가가는 것이다.

자녀에게 아버지는 이 시대의 남자를 대표하기도 한다. 딸에게는 '이상적인 남성상'이고, 아들에게는 '미래의 자신'이 바로 아버지다. 아버지의 말 한마디가 북극성이고, 행동 하나가 귀감이다. 아버지는 자녀들에게 어떤 식으로든 현재의 삶으로 미래를 보여주는 엄청난 존재감을 가진 분이다.

자녀들이 존경하는 아버지는 '말만 앞세우는 아버지'가 아니라 '몸소 실천하는 아버지'다. 자녀에게 지시하는 아버지가 아니라 자녀가 실천했으면 하고 바라는 것을 아버지 스스로 실천하는 모습을 보여주는 것이 산 가르침이다. 자녀교육에서는 이를 '롤모델'이라고 한다.

교장 선생님은 이 글에서 '일을 하다 보면 어려운 일에 치여 힘들 때가 많으나 세상의 큰일은 작은 데서 시작되고, 어려운 일은 쉬운 일에서 시작된다(天下之大事 必作於細, 天下之難事 必作於易,

천하지대사 필작어세 천하지난사 필작어이)'며 자신도 작은 일에서부터 긍정적으로 즐기는 한 해가 되기를 소망했다. '평생을 그런 것처럼 평소에 일어나는 시간에 잘 일어나고, 일과 중 우선순위를 두어 처리하고, 바깥일을 안으로 가져가지 말며 집안일은 집에서 잘 해결하자는 내언불출 외언불입(內言不出, 外言不入)'을 말하기도 했다. 평소 자신의 근면함과 성실함을 보이는 대목일 것이다.

나를 다스리고, 집안을 평화롭게 하며 나아가 하고자 하는 일을 이루는 것. 집 밖에서의 스트레스를 집안으로 끌고 들어가 자녀와 아내를 힘들게 하지 않겠다는 마음은 '집안의 평화'를 구체적으로 실천하겠다는 뜻이다. 가족과의 시간을 소중하게 여긴다는 말이기도 하다. 이런 아버지에게 자녀는 존경의 마음을 품는다. 이런 남편을 보며 아내는 깊은 사랑을 느낀다.

새해 아침, 이메일이나 단톡방에 신년인사를 올려보면 어떨까. 아버지 당신은 자녀들에게 어떤 신년인사를 하고 싶은가. '해라'라는 당부보다 '아빠는 새해에 이렇게 하려고 한다'라는 아버지의 계획을 올리면 좋을 것 같다. 가족들이 지켜볼 테니 실천 확률도 높아질 것이다.

"아버지나 잘하세요"라는 말을 들을까 겁내기도 해야 한다. '아이 앞에서는 냉수도 못 마신다'는 말처럼 아이가 모방할 것을 염두에 두고 더 잘하려 노력하는 동안 아버지는 더 나은 사람이 된다. 입을 열기 전에 '실천'을 염두에 두는 신중함도 가질 것이다.

언행일치하는 아버지는 자녀에게 몸으로 가르치는 분이다. 이런 마음으로 새해 아침, 신년사를 작성한다면 아버지로서, 남편으로서는 물론 당신 자신이 최고의 인생을 살 것이다.

'무엇보다 몸을 돌봐라. 건강이 최고다.'

그렇다면 아버지가 몸을 돌보는 건강한 생활습관을 보여주면 된다.

'성실해라.'

그렇다면 아버지가 성실하게 살아가는 모습을 보이면 된다.

'목표를 세우자.'

그렇다면 아버지의 목표를 공표하라. 이런 말을 덧붙이면 신뢰도가 높아진다.

"너희들이 아빠가 목표를 이뤄가는지 지켜봐주면 좋겠다. 그리고 아빠가 해이해지면 바로바로 조언과 직언을 아끼지 말고 해주면 고맙겠다."

노력하는 아버지, 삶을 일궈가는 아버지는 자녀들에게 "다 너를 위해서 하는 말이야"를 내세우기 전에 아버지 자신을 위해 노력한다. 자녀의 성취감을 내세우기 전에 아버지 자신이 먼저 성취하도록 노력한다.

'부모가 되면 비로소 어른이 된다'는 말이 있다. 자녀에게 가르치고 싶은 것을 부모가 먼저 실천하다 보면 부모가 보다 성숙한 어른이 되기 때문이다.

말만 내세우는 아버지를 자녀들은 신뢰하지 않는다. 아버지는 바담풍 하면서 자녀가 바람풍(風) 하기를 강요하면 자녀는 아버지의 말에 귀를 닫기 마련이다. 20세기 아버지는 말만 내세우고도 권위로 자녀를 눌렀지만 21세기 아버지는 행동이 곧 말이다. 행동으로 보여주는 습관을 가진 아버지의 자녀는 잘 자란다. 행동으로 보여줄 때 아버지의 권위는 세워진다. 아버지는 몸으로 말한다.

어루만지는 말은 길게 하자

명절 연휴가 지나 3일째, 그날은 토요일이었다. 이번에도 어김없이 허리가 아파 며칠째 아구구, 소리가 저절로 나올 정도였는데 급기야 그날은 손가락 마디마디까지 쑤셔오는 것 아닌가. 이건 또 무슨 증상인가 싶어 당황했지만 뜨거운 수건으로 마사지하며 오전은 그럭저럭 견뎠는데, 점심을 먹고 식탁을 정리하던 E는 그만 "악" 소리를 냈다. 반찬 뚜껑을 닫는데 손가락이 끊어지듯 아팠던 것이다. 놀라기는 남편과 딸도 마찬가지였다. 둘 다 동시에 "왜 그래?" 하며 놀랐다.

"난 진짜 명절 후유증이 그냥 지나치질 않아. 이번엔 손도 아파. 너무너무 쑤셔."

식탁 의자에 앉으며 E는 울먹거리며 말했다. 주무르던 손가락을 쫘악 펴려니 아파서 제대로 펴지지도 않는다. 손을 바라보던 E는 눈물이 날 것 같았다. 제대로 펴지지도 않는 굵어진 손마디를 보니 손부터 나이 먹는다는 말도 실감났다. 아무리 나이가 있다고 해도 도무지 이게 자신의 손인가 싶기도 했다. E의 입에서는 저절로 한숨이 나왔다.

"내 손이 너무 불쌍해. 너무 가엾어. 평생 일만 했잖아."

곁에 앉은 남편이 E의 손을 주무르며 말했다.

"나한테 시집와서… 고생 많이 해서 그렇지… 참… 미안하지 내가…."

말 한마디 한마디를 천천히 아껴 말하는 남편의 말에 E는 참았던 눈물이 주루룩 나면서 미안해졌다.

"아냐, 나만 고생하나. 자긴 평생 고생 안 했나 뭐."

"나는 자기처럼은 고생은 안 하지. 자기가 고생이 많지."

설거지를 하던 딸이 말했다.

"엄만 좋겠수. 아, 닭살. 어디 아빠 같은 남자 없나?"

E는 "내 손이 불쌍해. 평생 일만 했잖아" 하고는 남편에게 미안했다고 한다. 그 말에 남편이 "옛날에 비하면 명절 차례도 훨씬 간소화됐잖아. 예전보다야 지금이 편해졌지" 할까 봐 순간 긴장도 했다고. 그렇게 말할 남편은 아니지만 그래도 시제(時祭)는 물론이고 1년에 8번의 제사를 모셔야 했던 예전에 비하면 지금은 간소화되고 편해진 게 사실이었던 것이다.

E는 손을 주무르며 미안해하는 남편을 보며 문득 '이 남자는 어쩌면 이렇게도 고운 심성을 가졌을까' 하는 감동이 일었다. 그

러고 보면 "아빠 같은 남자 못 만나서 결혼 못한다"는 딸의 말도 괜한 핑계는 아닌 것 같다. 딸은 자주 말했다.

"아빠는 마음을 어루만지는 달란트가 있어. 타고난 걸까? 아니면 엄마를 만나고 길러진 걸까? 아무튼 굉장한 재능 맞지 엄마? 아빠가 위로하면 피로가 싹 가신다는 엄마 말이 뭔지 나도 알아."

딸 말이 맞다. 장손집의 어마어마한 대소사를 지금까지 해낸 것도 남편의 위로 덕분인 것 같다. 제사를 모시고 집으로 돌아오는 꼭두새벽, 차 안에서 남편은 "장손집에 시집 와서 우리 진이가 고생이 많지" 하며 자신의 이름 끝 자를 부르며 손을 만져주었다. 그러면 피로는 봄날 눈 녹듯 했다. 어루만지는 손길만큼 자신의 노고를 어루만지는 말이 너무 듣기 좋았서였다.

나는 E의 말을 들으며 부부야말로 진정 좋은 사이라는 걸 느꼈다. 그리고 반려자(伴侶者)라는 말이 떠올랐다. 인생의 짝이 되는 사람, 반려자. 요즘은 부부를 베프라고도 하고, 절친이라고도 한다. 베스트프렌드처럼 종일 대화해도 좋은 사이, 의논할 수 있는 사이, 두런두런 평생 같은 길을 지루해하지 않고 재미있게 걸어가는 사이라서 그럴 거다. 그런 사이로 부부가 평생 동반자, 반려자가 된다면 이 세상 무엇을 부러워하랴.

인생의 짝과 손잡고 가며 듣고 싶은 말이 어루만지는 말일 것이다. 우리 여자들이 종종 하는 말이 "말 한마디 잘 해주는 게 뭐 어렵다고”다. 그 말 한마디가 바로 ‘어루만지는 말’이다.

이제 어루만지는 말을 연습해보자.

아내가 아프다고 하면?

A : 나도 아파. 당신만 아파? 우리 나이에 안 아픈 사람 어딨어?

B : 자꾸 아프다고 하지 말고 병원에 가봐. 내가 의사야? 내 앞에서 자꾸 아프다고 하게?

설마 A, B처럼 말하지 않을 테지만 혹여라도 실수하지 않길 바란다. 이렇게 말해보자. 강조하지만, 아내 가까이 다가가서 따뜻한 호칭이나 이름을 부르며 말하면 더 좋다.

“여보야, 내가 좀 주물러줄까?”

“자기야, 같이 병원 가볼까?”

“우리○○, 힘들지? 내가 도와줄 일 있으면 말해. 뭐 할까?”

딸에게 이런 말을 듣는 아빠라면 좋겠다.

“어디 아빠 같은 남자 없나?”

참 근사한 아빠일 것이다. 아내에겐 멋진 남편일 것이다. 당신의 어루만지는 말 한마디에 달렸다. 다음 예상 대답 중 어떤 말을 고를지에 달렸다. 미리 정답을 알려주자면 4처럼 말하면 된다.

1. 당신만 고생해? 누군 고생 안 해?

2. 예전에 비하면 이건 일도 아니잖아

3. (침묵)…

4. 그래, 당신이 고생 많지. 우리 여보처럼 일 많이 한 사람도 없을 거야
   내가 무슨 복으로 당신을 만났을까?

아내가 힘들다고 하면 성의 있게 응수해주길 바란다. 어루만지는 말은 아무래도 스킨십처럼 따뜻하게 쓰다듬는 느낌이 있어야 제격이다. 너무 짧지 않게 말하는 것도 좋다.

"그래, 당신이 고생 많지. 우리 여보처럼 일 많이 한 사람도 없을 거야. 내가 무슨 복으로 당신을 만났을까?"

이보다 더 괜찮은 어루만지는 말을 찾아내길 바란다. 그 말은 힘듦과 수고, 엉킨 실타래처럼 복잡한 마음도 풀어주는 힘을 가졌으니.

여자의 수수께끼에 당황하지 마라

"자기, 내 말 이해하지?"

"당신, 내가 무슨 말 하는지 알지?"

"내가 왜 화났는지 이제 알겠지?"

오 마이 갓! 아내가 오늘도 어김없이 "알지?" "이해하지?"라며 대화 끝에 또 난해한 수수께끼를 낸다. 이런 수수께끼는 정말 싫지만 한편 반갑다. 이제 아내의 말이 마무리되는 순서가 된 것이다. 이 수수께끼만 잘 풀면 된다. 하지만 대답에 따라 자리가 더 길어질 수 있다.

아내와의 대화를 끝낼 수수께끼 마법을 푸는 '열려라 참깨' 같은 주문이 있으면 좋겠다. 어느 날 "알았어. 미안해" 했다가 아내가 "뭐가 미안한데?" 하고 되묻는 바람에 진땀을 뺐다. 아내는 "뭐가 미안한지 모르면서 그냥 하는 말 같아서 그래. 뭐가 미안한지 말을 해봐" 했던 것이다. 자리를 빨리 끝내고 싶어서 한 말인데 귀신같이 알아차린다. 독심술이라도 있는 걸까. 남편 속을 꿰뚫어 보는 아내다. 아내가 대화하자고 하면 겁부터 난다. 매번 수수께끼를 내니 그렇다.

남자들은 수수께끼 식으로 말하는 여자들을 통 모르겠다고 한다. 여자들은 '남자들은 왜 그렇게 말을 못 알아듣지? 일부러 그런 건가?' 하고 의심한다. 남자는 여자의 말이 수수께끼 같고, 여자들은 뻔한 말을 못 알아듣는(척하는) 남자들의 속이 궁금하다.

'성격 차이'가 그동안의 주된 이혼 사유였다면 요즘은 '대화가 안 돼서'다. 난해하고 심도 있는 주제라서 대화가 안 되는 게 아니다. '경청'을 안 해서 대화가 안 된다. '리액션'이 없는 상대를 보면 듣는 건지 마는 건지 궁금해서 고구마 열 개 먹은 듯 답답하다. 이런 일이 반복되면 '내 말을 듣기 싫은 건가?'라는 의문이 이어져 '나를 사랑하지 않는다'로 결론 내리기도 한다.

『화성에서 온 남자 금성에서 온 여자』라는 책이 베스트셀러가 된 건 이런 남녀의 속내를 정확히 보여줘서일 거다. 책을 읽으며 위로를 받기도 했었다.

'우리의 사랑이 연약한 게 아니고 서로 다른 별에서 와서 언어가 다른 것이었구나.'

'말이 다르니 무슨 말인지 이해하지 못하고 답답했구나.'

'우리 커플만 아니라 지구별 모든 남녀가 그런 거였구나.'

하지만 상대와 매번 소통이 안 되면 이런 위로도 한계가 있다.

"알았어. 그만해"라는 말을 하는 그에게 우린 상처 받는다. "됐어. 그만하자"라는 말에 뭐가 됐다는 건지, 뭘 그만하자는 건지 고민하던 여자는 "그래. 진짜 됐어. 이제 그만하자"라며 결론을 내린다. 별거와 이혼 사유의 '대화 불통'은 이런 순서로 진행된다.

"여자들은 왜 말을 복잡하게 하지? 그냥 단도직입적으로 말하면 될 것을 왜 수수께끼처럼 말하지?" 만약에 이런 궁금증이 든다면 지금부터 시원하게 해소해보자. 결론부터 말하면, 여자들은 결코 수수께끼를 내고 싶지 않다. "내 말 이해하는 거야? 내가 무슨 말 하는지 아는 거지?" 이렇게 되묻지 않아도 될 만큼 자신의 말을 잘 듣고 있는 남자와 소통하며 행복하게 살고 싶다.

여자가 수수께끼 같은 질문을 하는 경우는

1. 상대가 잘 안 듣고 있다고 느낄 때

2. 자신의 말이 전달되는지 확인하고 싶을 때

3. 자기 말을 잘 듣고 앞으로 잘해보겠다는 마음을 보여주었으면 할 때다.

이제 솔루션이 나온 셈이다.

먼저, "할 말 있어" "대화 좀 해" 이 말에 겁먹고 도망칠 생각부터 하지 않아야 한다. 아내 잔소리, 부모 잔소리는 쓰기는 하지만 잘 들어보면 약이 되는 말이다.

아내가 부르면 "응, 여보 불렀어?" 하고 아내 앞에 앉으면 대화는 대부분 잘 풀리게 되어 있다. 하지만 말투 곱지 않게 "왜?"라고 한다면 대화는 꼬일 수밖에 없다. "무슨 말 할 줄 알고 그렇게 나와?" 하며 아내의 말투도 곱지 않게 나오기 때문이다. 상대가 경청할 태도를 보이면 아내의 마음은 잔잔한 호수가 된다. 말도, 말투도 거칠지 않다. 그런데 "뭔데? 또 무슨 말 하려고 그래?" 하면 이때부터 아내의 감정은 거친 파도처럼 격랑 친다. 곱고 다사로운 말을 하려 했어도 상대방의 그런 태도에 마음이 요동치며 말이 곱게 안 나온다.

두 번째는 아내가 대화하자고 하면 만사를 제쳐두고 아내 앞에 마주 앉아 '들을 준비가 되어 있다'를 보여준다. 남편의 이 모습만으로도 아내는 자신의 말에 경청할 것이라는 믿음을 갖는다. "내 말 듣고 있어?"라는 수수께끼 같은 질문 할 이유가 없는 것이다.

세 번째는 리액션이다. 경청하고 있음을 확실하게 보이는 방법이 '리액션'이다. "그래?" "그랬구나" "그래서 속상했겠네" 등의 추임새는 상대가 듣는 건지 마는 건지에 대한 불신을 완전히 날려버린다. "내 말 이해해? 내가 왜 이런 말을 하는지 알지?" 따위의 수수께끼를 들을 이유가 1도 없다.

자신의 말을 들어주는 남편을 보면서 존중받는다고 느끼는 아내는 말을 곱게 한다. 대체적으로 아내 말이 거칠어지면 길어지기 마련이고 수수께끼까지 내기 마련이다. 수업 중 학생들이 무

반응이면 “이해되니? 알겠지?” 확인하는 선생님처럼.

“술 좀 줄이면 안 돼?”

“일찍 들어오면 안 돼?”

“애랑 좀 놀아주면 안 돼?” “내가 무슨 말 하는지 알지?”

이건 수수께기가 아니다. 아내의 ‘간절한 바람’을 담은 말이다. 같이 잘 살자고 하는 말이다. 실천 못 할 이유가 수백 가지 있어도 잘 듣고, 노력하는 모습을 보이면 여자는 확신한다.

‘저 사람은 나를 존중해.’

‘이 남자는 날 사랑해.’

이런 아내의 얼굴은 화사하게 피어난다. 수수께끼 같은 질문을 하라고 해도 안 한다. 수수께끼처럼 묻더라도 당황하지 말자. 우리는 이미 ‘열려라 참깨’ 같은 마법의 말을 알고 있지 않은가.

“여보, 잘 들었어. 내가 노력할게. 말해줘서 고마워.”

형제는 50이 넘도록
말 공부한 적이 없었다

50대 Q는 몇 주째 형과 데면데면하게 지내고 있다. 퇴직 후엔 형 집 옆에 작은 집이라도 지어 살고 싶었던 계획도 수포로 돌아갈 상황이다. 내년이면 아들 결혼도 시키는데 고향에 내려가기도 싫다. 형이 보기 싫어서다.

Q의 형은 동생의 이런 마음을 아는지 모르는지 "50이 넘었는데 수준이 어째 초등학생이냐? 아직도 삐치길 잘하냐"라며 동생의 서운함에 불을 당겼다. 사회적으로 보면 어른 중의 어른인 50대 Q와 두 살 터울인 형. 어른 중의 어른인 둘이 소원해진 건 말 한마디 때문이었다.

말 한마디의 발단은 이랬다. 그즈음 퇴직 생각에 이런저런 고민이 많은 Q가 매주 고향에 내려오며 형이나 동네 지인들과 술자리를 갖는데 술만 마시면 종내는 고삐 풀리게 마시는 거였다. 더 큰 문제는 그럴 때 Q가 횡설수설 말이 많아져 말실수를 하는 것. 보다 못한 형이 "술 좀 줄여"라고 했지만 술만 들어가면 자제가 안 되는 Q였다. 그러던 어느 날, 형이 쓴소리를 한 것이다.

"그러려면 내려오지 마."

이 한마디에 Q는 내려오지 않았다. 형은 동생이 궁금해서 전화했고, 동생은 형이 내려오지 말라고 했으니 안 내려간다고 말했다. 형은 혼잣말을 했다. "그런 말은 잘 듣네."

50대 형제의 에피소드라 하기엔 믿을 수 없을 만큼 유치하지만 실제 사례다. 이 형제의 이야기를 들으며 누구에게도 대화법을 배운 적 없는 그 시대 남자들의 대화법을 새삼 상기했다. "그러려면 내려오지 마"라는 말이 나온 상황으로 돌아가 둘의 대화를 들여다보면 어느 부분에서 대화법이 어긋났는지 확실하게 보인다.

먼저, 형의 화법이다. 술을 이기지 못하는 동생에게 술을 자제하라고 하는 말도 아, 다르고 어, 다르게 할 수 있다. 형이 선택한 화법은 '비난 화법'이었다. "넌 왜 나이 들수록"으로 시작한 것이다. 그 흔한 I-Message만 썼어도 이야기는 달라진다.

"I(형이) Message(걱정돼서 그러는데, 술 좀 줄여야 되지 않겠니)"라고 했다면 형의 의견을 전한 게 된다. 하지만 You-Message는 다르다. "You(너는) Message(왜 나이 들수록 술 하나 절제 못하고 그 모양이야!)"의 비난으로 들리기 쉽다. 형은 동생을 생각하는 마음에 '술 좀 줄여라'라고 한 건데 동생에게는 '내 나이가 몇인데 아직도 내가 어린애로 보이나? 왜 잔소리야!'로 들릴 수 있다. 전달의 오류가 생기는 것이다.

마음을 제대로 표현하는 소통법을 모르는 50대 형제 이야기가 Q와 그의 형에게만 해당되는 사례일까. 베이비부머 세대는 자칭 낀 세대라고 한다. 유교적인 관습의 가풍에서 자랐지만 디지털 세대와 섞여 살아가야 하는 카오스적인 가치관을 가진 세대라고 할 수도 있다. 세상이 변했다는 것을 알지만 가치관은 여전히 상하식 명령과 장유유서가 똬리를 틀고 있는 세대기도 하다.

'대화법'이나 '소통'에 대해 관심을 두고 나름 노력해서 불통즉통(不通卽痛)으로부터 놓여난 사람도 있지만 Q 형제처럼 여전히 형제끼리 소통하지 못하는 경우가 많다. 가족이라서 더 노력해야 하는데 '가족끼리 뭘'이라며 안이하게 생각하는 경우엔 가족이라서 더 깊은 상처를 주는 것이다.

혹자는 나이 들어서 형제가 다투는 경우는 '재산 문제'라고 하지만 알고 보면 대부분 '대화 부족'이 문제다. '속내'를 교환하지 않고 30, 40년 살던 형제들이 소통하지 않은 채 지내다가 '재산'이라는 사안에서 곪았던 상처가 터진다. 수십 년간 상대의 정서를 고려하지 않은 채 했던 말들이 상처의 원인인 것이다.

가족끼리의 사랑 표현이 어색한 형제 세대가 50대이기도 하다. 형은 '형이 말하면 들어야지!'라는 대화법으로 동생을 대하지만 동생에게는 양가감정이 있다. '형이 말하면 들어야겠다'라는 유년기의 '어린아이'와 이제 어엿한 한 가정의 가장이고 사회인이라는 '어른'으로서의 자각이 충돌하는 것이다.

성인 자매보다 형제 사이가 서먹하다면 '말 많은 여자들(자매)'과 '과묵한 남자들(형제)'의 성별 문제가 아니라 대화의 충돌을 겪지 않은 채 나이 먹은 형제의 케케묵은 감정이 문제일 듯하다. 알다시피 자매들은 말싸움을 하며 자랐다, 이 과정에서 서로의 아킬레스 건도 알고, 그때그때 말다툼의 형식으로 해소했으니 곪아 터질 일도 없는 것이다.

형제야말로 이제부터 말에 대해 진중하게 짚고 갈 일이다. '나이 먹어서 습관 못 고친다'는 말이 있지만 말공부에 늦은 때란 없다. 2가지만 고쳐도 대화가 달라질 것이다.

첫 번째, 호칭을 돌아보자.

지금도 50대 형제가 만나면 "○○야"라고 이름을 부른다면 호칭을 돌아봐야 한다. 우리는 우리 식의 호칭이 있다. 외국식으로 이름을 부르는 게 보편적이지 않은 우리 문화에 비출 때 어릴 적의 마음으로 동생에게 "○○야"라고 이름을 부른다면 양날의 검이 될 수 있다. 더없이 가까운 호칭이 이름이지만 서로 어른임을 인정하지 않는 호칭이 될 수도 있기 때문이다. 예를 들어 동생을 부를 땐 이름보다 지금 위치에 알맞은 호칭이 안전하다. 그러면 최소한 내 동생이지만 지금은 누군가의 남편, 아버지, 사회적 위치를 인정하기에 말조심할 수 있다.

'형제는 한 나무에서 나고 자란 가지'라는 말이 있다. 하지만 이제 그 가지의 주인공이 어엿한 한 나무가 되었다는 점도 인정해야 한다. 그래야 인격 존중하는 말을 할 수 있다. 정서적인 문제로 감정이 틀어진 경우를 보면 대부분 '말조심'하지 않아서다.

예전의 형제 관계는 말 한마디로 사이가 틀어질 수 없는 문화였다. 위아래가 엄격한 문화인 데다 서열이 분명했다. 하지만 시대가 달라졌다. 형제 사이에도 '숙명'보다 '합리'가 잣대가 되었다. 50대 형제들은 더 위험하다. 머리로는 세상이 변한 걸 아는데 가슴으로는 이를 받아들이지 못하는 과도기 세대이기 때문이다.

두 번째, 술 마시며 대화하는 것보다 '차 마시는 대화'를 추천한다. 요즘은 남자들끼리 모여 차 마시는 문화가 보편화되었다. 50대 형제들도 집안 대소사로 모일 때 차 한 잔 나누는 시간을 가지면 어떨까. 사회적인 관계로 만나면 차를 나누는 사이여도 형제간에는 낯설 수도 있다. 하지만 차를 나누며 대화하다 보면 대화의 품격이 달라짐을 느낄 것이다.

50대 Q형제의 에피소드에서 본 것처럼 말 한마디로 50년의 공든 탑이 무너질 수도 있다. 아무리 시대가 시시각각 변한다 해도 부모자녀, 형제자매 사이의 소중함이 변할 리 없다. 세상 사람들과의 소통에 노력하는 반만큼만이라도 형제간 소통에 투자하면 좋겠다.

말습관만 잘 들이면 어떤 문제가 발생해도 풀어나간다. 말은 힘이 세기 때문이다. 말 한마디로 관계가 틀어진다면 말 한마디로 관계가 돈독해질 수 있다.

형과 Q의 데면데면한 관계를 회복하는 말 한마디를 묻는다면, 형에게 사과를 추천한다.

"미안하다. 형이 말을 심하게 했구나."

동생에게도 권하고 싶다.

"형이 내 걱정해서 그런 거 알아. 남이라면 그런 말 하겠어?"

누가 먼저든 용기 내어 말하면 된다. 퍼스트 펭귄처럼. 겨우 말 한마디다. 그 한마디가 50년 형제애를 결속시킨다.

"아버지한테 지금까지 단 한 번도 칭찬받은 적이 없어요"

지금까지 단 한 번도 아버지에게 칭찬받은 적이 없다고 그는 "단 한, 번, 도"에 힘주며 말했다. 아이를 키우는 엄마들과 상담하다 보면 부모에게 받은 말 상처 때문에 힘들어하는 건 알았지만 40대 건장한 남자가 '아버지의 칭찬'에 목말라하며 아파할 줄이야.

그는 지난 가족 모임에서도 아버지에게 "무슨 일을 그렇게 처리하냐" 식의 말을 들었다. 그것도 아내와 아들 앞에서. 그때 서운함이 확, 올라왔다고 한다. 그동안 '아버지는 왜 말을 꼭 저렇게 하시나?'라고 생각했는데 그 궁금증이 풀리는 느낌도 들었단다. 칭찬은 안 하면서 잘못은 그냥 지나치지 않았던 아버지. 그동안은 '엄격함'이라고 생각했는데 '인색함'이었다는 생각이 들자 더 울컥했다. 집으로 돌아오는 동안 말이 없는 남편의 마음도 모르고 아내는 그에게 속없는 말을 했다.

"자기가 누구 닮아서 그런 건지 오늘 확실히 알았네. 자기는 절대 아버님처럼 되면 안 돼. 알았지?"

"아버지가 뭘?"

"칭찬은 안 하고, 못할 때만 콕콕 지적하시잖아. 우리 아들한테는 절대 그렇게 하면 안 돼."

"당신이 그렇게 우쭈쭈 키우니 애가 강단 없고 자립심 없지."

이렇게 말하면서도 그는 자신이 '요즘 아빠'와는 거리가 멀다는 것을 인정했다. 아내는 칭찬은 안 하고 지적만 하는 그의 말버릇을 짚어 말한 것이다. 아내의 말에 화가 났지만 틀린 말이 아니어서 샤워하며 기분 풀려고 욕실로 갔다. '목욕 명상'이라는 말이 있다더니, 샤워하는 동안 그는 자신이 나이 들수록 아버지를 닮아가고 있음을 깨달았다. 특히 닮지 않아야지, 했던 것은 빼다 박은 듯 닮아가는 자신이 보였다. 아들에게서 자신이 버리고 싶은 어렸을 때의 모습이 보이면 강도 높은 훈육을 했다. 잘 키우고 싶어서였다. 아버지도 그러셨겠지? 당신보다 더 나은 인생을 살라고. 그런데 아버지의 노력은 서운함만 키운 노력이었다.

아버지 세대에게 '칭찬'을 바라는 건 지나친 거라는 걸 그도 안다. 버릇없이 클까 봐 칭찬은커녕 따끔하게 키운 것도 안다. 하지만 알면서도 아버지를 떠올리면 서운한 게 많다. 여기까지 생각하자 자신도 모르게 이런 말이 나왔다.

"안 되지. 안 돼. 고쳐야지. 더 늦기 전에 고쳐야지."

그는 아들이 더 크기 전에 자신이 아버지에게 받고 싶었던 사랑을 표현하자고 결심했다. 그런데 결심은 결심일 뿐 칭찬하고 싶어도 그런 말이 안 나오는 게 문제였다. 습관이 안 되어 입 밖으로 나오지 않았다. 그래도 노력할수록 '인정'과 '칭찬'의 말이 얼마나 중요한지 알게 되었다고 그는 말했다.

"아이들은 칭찬 먹고 자라는 거 같아요. 질릴 때까지 칭찬해보는 게 제 목표입니다."

우리는 단 한 사람도 예외 없이 칭찬과 인정을 좋아한다. 인정욕구라는 말이 있다. 다른 사람으로부터 자신의 존재를 인정받고 싶은 건 인간이 가진 욕구라는 것이다. 욕구를 채워주지 않으면 '불만'이 생긴다. 다른 발달에 쓸 에너지를 '욕구 충족 갈망'에 소비하면 아이 발달에도 좋지 않은 영향을 미친다. 해서 좋은 말은 아끼지 말고 표현해야 하는 것이다.

하지만 아끼는 게 아니라 못하는 경우가 많다. 어색해서, 오글거려서, 입에 배지 않아서다. 아무 망설임 없이 입에서 잘 나오려면 방법은 단 하나, 연습이다. 그러면 습관이 되어 저절로 나온다. 소리 내어 말하는 것만큼 좋은 방법이 없다.

어색해서 칭찬의 말이 안 나온다면 나 자신을 칭찬하는 것으로부터 시작하면 좋다. 나의 일, 나의 외모, 나의 태도, 나의 가치관

등 칭찬할 것이 너무 많을 것이다. 당연한 것이라고 그냥 지나쳤던 것의 소중함과 나의 내면과 외면 모두를 돌아보는 계기도 된다. 좋은 점이 또 있다. 내게 칭찬받은 나 자신이 점점 더 근사해진다. 근사해지는 자신을 볼수록 자신감과 자존감이 올라간다. 나를 인정하고 칭찬하는 말을 적어보고 소리 내어 읽는 것으로 시작해도 효과 있을 것이다.

"잘했어."

"훌륭하네."

"어제보다 나아진 것 같은데?"

거울 앞에서는 옷매무새 살펴보고 어깨도 쫙 펴며 "멋지네"라고도 해보자. 잠자리에 들기 전엔 "오늘 하루도 잘 지냈네. 수고했어. 굿나잇"이라며 자신에게 칭찬과 격려의 말을 들려주는 것이다. 나를 애틋하게 여기고 사랑하는 마음, 자기자비(Self-Compassion)도 좋다. 남에게는 측은지심이, 내 자신에게는 자기자비와 자기연민이 필요하다. 스스로를 사랑하는 사람이 자기반성도 하며 균형적인 삶을 살아간다.

이렇게 자신을 칭찬하는 방법으로 '내 사람들'을 칭찬하면 된다. 특히 자녀가 아빠로부터 칭찬받은 기억이 많게 하려면 내가 아버지에게 바랐던 인정과 칭찬의 말을 해주면 좋다. 떠올려보면 거창한 칭찬을 바란 게 아니었을 것이다. 그저 "잘한다"는 칭찬, "열심히 하는구나"라는 인정만 받았어도 좋았을지 모른다. 이런 것이 언어 스트로크(언어로 쓰다듬기)다. 사랑받고 인정받고 싶은 스트로크 갈망(stroke hunger)을 채워주는 말로 "멋진 생각이구나" "네가 아빠 딸이라서 고마워" "우리 아들의 아빠라서 행복해" 등을 추천한다.

안아주기, 어깨를 가볍게 건드려주는 것으로도 인정에 대한 욕구를 충족시킬 수 있다. 긍정의 눈빛으로 바라보는 방법도 있다.

뇌는 그대로 내버려두면 부정적인 생각과 나쁜 기억을 3배 이상 하려는 관성을 가졌으며, 감사하고 칭찬하면 거기에 길들여진다고 한다. "잘한다, 근사하다, 열심히 한다, 말을 참 멋지게 한다"를 입 밖으로 소리 내어 인정하고 칭찬하자. 내 뇌가 길들여질 때까지 자꾸 표현하는 것이다. 그러면 내 아이는 이런 슬픈 말을 하지 않을 것이다.

"태어나서 지금까지 단 한 번도 아빠에게 칭찬받은 적이 없어요."

아이가 이런 말을 하면 좋겠다.

"아빠는 제가 힘들 때, 심리적으로 위축되어 있을 때면 저를 꽉 껴안아주며 말씀하셨어요. 아들아, 언제나 너는 자랑스러운 아들이다. 네가 무엇을 하든 너를 믿는다. 사랑한다."

"NOT BAD, 나쁘지 않아!"

딸의 생일 파티 자리다. 대학 입학을 앞둔 딸의 생일 파티라 다른 때보다 좀 더 신경 쓴 자리였다. 와인도 준비하고 평소 아끼던 와인 글라스도 꺼내 놓으니 식탁이 제법 격식 있어 보인다. 분위기도 띄울 겸 와인 테이스팅까지 하자고 딸이 제안한다. 아빠는 와인 시음을 한 딸을 보며 물었다.

"어때?"

도로록 입안에 와인을 굴리다 삼킨 딸이 웃으며 말했다.

"음, 나쁘지 않아요, 아빠."

아빠가 말했다.

"나쁘지 않다? 궁금한데?"

아빠도 웃으며 가족의 잔마다 와인을 따랐다.

"미식가 딸이 나쁘지 않다니 기대되네. 건배하자구!"

아내가 옆에서 남편의 손을 살짝 잡았다. '여보, 잘했어' 하듯.

예전 같으면 "좋으면 좋은 거고, 나쁘면 나쁜 거지. 무슨 말이 그래?" 하는 식으로 말을 걸고 넘어지거나 "나쁘지 않은 게 뭐야? 왜 그렇게 표현이 애매해?" 하며 분위기 아슬아슬하게 만들던 남편이었다.

남편의 성향은 '뭐든 확실히'였다. 애매모호한 표현을 남자답지 못하다고 생각하는 바람에 아들의 "글쎄요"라는 대답에 "기면 기고 말면 마는 거지. 글쎄요는 무슨 글쎄요야. 남자가 확실하게 말해야지" 한 적도 있다. 그때 아들도 지지 않고 "아빠, 애매할 때도 있잖아. 매번 확실해야 해?" 하며 응수했었다. 그럴 때마다 아내는 누구 편을 들어야 할지 난감했다. 남편은 아들에게 "아빠에게 따질 땐 확실하네" 하곤 못내 아쉬웠는지 아내와 둘이 있을 때 "요즘 애들이 우유부단한 표현을 많이 하지 않아? 영어식 표현도 많고 말이야" 했다. 아이들의 "글쎄요" "그런 것 같기도 하고" "나쁘진 않아"라는 표현을 두고 하는 말 같았다. 아내는 이때가 기회다 싶었다.

"자기야. 정답과 오답만 있는 건 아니잖아. 그런 것 같기도 하고 아닌 것 같기도 한 것도 있고, 좋은 것 같기도 하고 안 좋은 것 같기도 한 것? 나도 그런 적 많아. 좋다 싫다도 있지만 그 중간쯤 기분일 때도 있잖아. 어렵다, 쉽다도 있지만 쉽지는 않다. 뭐 그런 말. 자기 말도 맞지만 아들 말도 틀리진 않거든."

"틀리진 않다? 그렇기도 하네."

웬일인지 남편은 더이상 토를 달지 않았다. 아내는 아예 종지부를 찍고 싶어 이렇게 덧붙였다.

"자기야. 아들도 슬슬 아빠 성향을 닮아가는 것 같아 나는 좀 아슬아슬 할 때가 있더라. 남의 감정 표현에 이래라저래라 하는 남자애를 요즘 애들이 좋아하겠어? 요즘은 다양성 시대야. 더군다나 표현에 정답이 어딨어."

그동안 이런 대화를 나눈 효과를 본 걸까? 남편은 와인 테이스팅을 한 딸의 '나쁘지 않다'는 표현에 기꺼이 "나쁘지 않다니 기대되네" 하며 유연하게 맞장구치는 게 아닌가. 아내는 남편의 손을 잡으며 가벼운 윙크도 보냈다. '자기야, 고마워' 하는 마음을 담아.

말끝을 흐리는 말투, 명확하지 않은 표현을 자주 한다면 바람직하진 않을 수 있다. 하지만 세상사 흑백처럼 명확하고 확실한 것만 있지는 않다. 흐릿하고, 모호하고, 애매하고, 알 듯도 하고 모를 듯도 하며, 좋지도 않지만 안 좋지도 않고 싫지도 않은 상황들도 있는 것이다. 이런 표현을 흐리멍덩하다 혹은 불분명하다와 동일시해서 매사 딱 부러지길 강요한다면 관계도 딱 부러질 수 있다. 에둘러 부드럽고 완곡하게 말하는 습관이 유용한 경우도 많은 것이다.

남자들이 공간지각능력이 발달했다면 여자들은 뇌 발달 상 언어능력은 물론 소통 감수성이 뛰어나서 '말이 심장에 박히는 위력'을 안다. 그래서 직설적이고 확실한 말이 때로 독화살이 되는 것까지도 안다. 상대에게 상처 주는 말이 어떤 말인지 알기에 돌려 말하는 법, 완곡한 표현법을 일찌감치 터득한 것이다.

일례로 머리 염색을 한 친구가 속상해하며 "내 머리 망했어"라고 한다면 객관적으로 봤을 때 설령 망한 수준이더라도 "그러게 왜 염색을 했어. 완전 망쳤네"라는 말보다 "왜? 나쁘지 않은데"라고 말한다. 솔직히 "너무 이뻐. 잘 어울린다"는 말을 하기엔 지나치다고 판단되면 그 상황에 최대한 맞춰 무난하고 애매한 표현으로 상처 주지 않으려고 하는 것이다. 그리고 가급적 위로가 될 여지를 찾아 이렇게 말한다. "지난번에 네가 하고 싶다고 한 색깔과 크게 다르지 않은데? 그만하면 나쁘지 않은 것 같아"라고.

이미 벌어진 일을 두고 "그러게. 완전 망했네. 어쩌냐. 2~3개월은 엄청 신경 쓰이겠다"라고 말할 이유를 여자들은 알지 못한다. 더 좋은 애매한 화법이 있는데 왜 굳이 직설법을 택해 상처를 주느냔 말이다.

"좋으면 좋은 거고, 나쁘면 나쁜 거지. 나쁘지 않은 건 뭐야?"

"그러면 그런 거고 아니면 아닌 거지. 아닌 것 같기도 한 건 뭐야."

이렇게 은연중 남에게 확실성을 강요하는 면이 있다면 그 또한 표현 강요다. 판결문에서도 '고의가 있다고 보기 어렵다'로 표현하고, 크게 다르지 않다, 어렵지는 않다 등의 말도 일반 대화에서 쓴다. "다르다는 거야, 아니라는 거야? 어렵다는 거야? 쉽다는 거야?" 식의 따지는 발언이야말로 상대를 기분 나쁘게 한다. 표현의 다양성을 저촉하는 말이기도 하다.

아내는 말했다.

"남편이나 저나 '좋다'의 반대말은 '나쁘다'를 배운 세대잖아요. 그런데 우리 부부가 대화를 하면서 좋다와 나쁘다 사이에 '나쁘지 않아'가 있음을 서로 배웠어요. 부모라는 이유로 자녀에게 표현을 강요하고 침해하고 있었다는 사실도 깨달았죠. 어느 날 남편이 말하더라구요. '오십(五十)을 지천명(知天命)이라 하고 육십(六十)이면 이순(耳順)이라고 하더니, 매사 다른 사람의 표현이 귀에 거슬리고 사사건건 지적만 해서야 어찌 진정한 나이듦이라 할 수 있겠어. 공자님이야 학문적 측면으로 나이를 비유했겠지만 남의 말이 귀에 거슬리지 않고 좀 더 관대해질 수 있으면 멋지게 나이 드는 거지?' 남편의 그 말을 듣는데 뭉클했어요. 맞춰주려는 마음이잖아요."

아내의 말을 빌자면 남편이 요즘 자녀들과 대화가 잘 된다고 한다. 아이들 말꼬투리 안 잡고 자기 식대로의 표현을 강요하지 않으니 대화가 잘 되는 것 같다고 했다. 소통과 불통 사이엔 아주 사소한 관점 차가 있다. 'NOT BAD'를 받아들이느냐 그렇지 않느냐의 차이 같은 것. 상상해보라. "뭐가 나쁘지 않아. 좋으면 좋은 거고 나쁘면 나쁜 거지. 나쁘진 않은 건 뭐야?"라고 딸의 말에

꼬투리를 잡았다면, 그랬다면 애매모호한 답이 아니라 아주 명확한 답이 예상된다. "아빠랑 대화가 안 돼"다.

나는 이 부부의 사례를 들으며 부창부수라는 말이 떠올랐다. 배울 게 많은 부부였다. 나이 먹을수록 고집이 세지고 자기주장만 늘어갈까 봐 걱정하는 시니어 남자분들 대상으로 강연을 많이 해서 그런지 더 실감나고 마음에 와닿았다. '말하는 습관' 못지않게 '남의 말 듣는 습관' 고치는 것이 어려운데 말하면 잘 듣고 더 나아지려는 남편이 존경스럽다는 아내의 말이 긴 여운으로 남는다. 나도 이후로 모호하고, 애매하며, 뜨뜻미지근한 표현에 애정이 생겼다.

논문을 쓰듯 논증하고, 분명하고 확실한 것을 선호하는 면은 누구에게나 있는 법이다. 그런데 명확하고 분명하며 확실하고 딱 부러지는 것들 사이를 채워주고 받쳐주는, 뜨겁지도 차갑지도 않은, 또는 미지근한 편안함 같은, 부드러운 곡선 같은 수많은 표현이 있어 세상이 말랑거리고 따뜻한 것 아닐까.

표현의 다양성을 존중한다는 건 감정을 존중한다는 것이고, 그 사람의 인격을 존중한다는 의미 같다. 세상엔 좋다, 나쁘다 사이에 쓸 수 있는 말이 적지 않다. 좋기도 하지만 나쁜 것도 같고, 딱히 좋기만 한 건 아닌, 모호한 듯하면서 오묘한 표현들 말이다.

가타부타 하지 말고,
"옛썰!"

강혁 씨가 설날 아침에 청소기를 돌리기는 처음이다. 청소하던 강혁 씨 입에서 자신도 모르게 이런 말이 나왔다.

"우리 엄마가 보면 기절하시겠네."

'엄마'라는 단어에 작년에 돌아가신 엄마가 떠올라 코끝이 찡해졌다. 강혁 씨의 타고난 감수성이 작동되어 눈가가 뜨거워지려는 순간, 딸의 목소리에 현실로 돌아왔다.

"아빠, 청소기 좀 성의 있게 돌려."

10분 전만 해도 강혁 씨는 소파에 길게 누워 편안한 연휴의 아침을 즐기던 중이었다. 주방에서는 맛있는 음식 냄새가 폴폴 나고, 설날 아침상을 준비하는 아내와 딸의 모습도 보기 좋았다.

"딸이 다 커서 엄마를 도와주니 좋네. 당신도 좋겠다, 딸이 도와줘서."

이렇게 덕담처럼 한마디 건네고 여느 명절 아침처럼 여유롭게 있었는데 딸이 거실로 오더니 "아빠, 아빤 뭐해?" 한다. 영문을 몰라 딸을 쳐다보니 "아빠도 같이 일해야지" 하는 것 아닌가. 어라? 그러니까 딸의 말인즉 자신도 집안일 하라는 말이었다.

"야, 아빤 매일 일하잖아."

"누군 일 안 해? 공부는 일 아냐? 글구 엄만 매일 놀아?"

"아빤 돈 벌잖아."

강혁 씨는 자신이 이 말을 하는 순간 이건 아니다,라는 생각이 들긴 했다. 아빤 돈 벌고 일한다는 말이 먹혀들 것 같지 않다는 찰나의 셀프 피드백이었다. 자신의 말에 딸의 날카로운 반격이 들어올 것 같은 걸 몸도 알아차렸는지 반사적으로 몸이 벌떡 일으켜졌다. 일으킨 게 아니라 일으켜진 것이다. "아, 그래. 옛썰! 아빠가 뭐할까?" 그렇게 시작된 설날 아침의 청소기 돌리기였다.

강혁 씨는 새해 들어 가장 잘한 일이 설날 아침에 딸과 말씨름 안 한 거라고 했다. 솔직히 딸의 말에 기분이 썩 좋은 건 아니었다. 부모에게 그런 식으로 말하는 건 강혁 씨로서는 꿈도 꾸지 못하는 낯섦이었다.

강혁 씨로 말하자면 가부장적 정도는 아니지만 전형적인 아들 양육의 혜택을 받고 자랐다. "남자가 무슨 부엌에 들어오냐"라는 엄마의 엄명을 들은 '부엌 기피 세대'라고 할까. 강혁 씨에게 '집

안'은 아내의 영역이고, 주방은 여자의 성역이자 일터였다. 눈 뜨면 일하러 밖으로 나가던 강혁 씨가 일해야 할 곳은 집이 아니라 '집 밖'이기도 했다. 집 밖에서 일해서 돈 버는 게 가장인 강혁 씨의 일인 것. 그런 강혁 씨에게 '집 밖은 일' '집안은 쉼'의 공간으로 인식되는 게 당연했다.

이런 이분법적 사고가 지금 아이들에게 먹혀들지 않을 거라는 걸 모른 바는 아니었지만 직접적으로 체감하진 못했는데, 그날 새해 벽두에 현실로 겪은 것이다. 아빠는 밖에서 일하고 돈 벌지만, 집안에서 온 가족이 일할 때엔 동참해야 한다는 것.

강혁 씨는 "만약 딸의 말에 기분 나빠하고 딸과 논쟁했다면 엄청 깨졌을 것 같아요" 했다. 청소기를 돌리면서 세상이 변했다는 걸 말로만 인정했지, 가슴으로는 받아들이지 않았다는 자기반성도 했다고.

상상해보라. 강혁 씨가 청소기를 잡지 않고 딸과 이런 논쟁이나 했다면.

"아빤 일하잖아."

"아빠. 우린? 우린 모두 노는 거야?"

"돈은 안 벌잖아?"

"아빠, 집안일은 돈 버는 거 아니야? 가사 노동의 가치가 얼만데? 그리고…."

강혁 씨는 설날 연휴를 마치고 출근을 해서 동료에게 말했다.

만약 딸의 논리에 억지를 부렸더라면 아빠 체면 제대로 깎이고 하마터면 설날 아침을 망칠 뻔했다고. 그랬더니 동료는 "나는 앞치마 입고 전 부쳤어. 재미 삼아 도와주려고 했더니 아들이 앞치마 입혀주던데? 우리 아들, 전 잘 부치더라구!" 했다.

강혁 씨는 동료와 이야기를 나누면서 속이 개운해지는 걸 느꼈다. 연휴 동안 딸에게 들은 말이 자신도 모르게 앙금처럼 뭉근하게 남아 있었던 모양이었다. '그래도 아빠한테 정중하게 말해야 할 거 아닌가?'라는 마음과 '자식 뼈 빠지게 키웠더니' 하는 자조감에 마음이 복잡했던가보다. 그런데 동료의 "같이 하니까 재밌더라구. 그참에 애들하고 대화도 나누고. 애들 엄마도 엄청 좋아하고 말이야" 하는 말이 마치 자신의 마음 같았다.

강혁 씨는 '다음 명절 땐 나도 주방엘 들어가보자'는 마음이 생겼다고 한다. 50대 가장이 가족과 소통하는 가장 좋은 방법으로 '음식 만들기'를 추천한다는 어느 작가의 말도 떠올랐다고. 그러고 보니 딸의 "아빤 뭐해?"라는 말은 아빠를 질책한 말이 아니라 '죽비' 같은 깨우침이었다고. 앞으로 자신이 가장으로서 어떻게 처신할지 단박에 깨우친 순간이랄까. 진정한 가장은 가족이 원하는 걸 알아차리고 원하는 걸 말하면 진심으로 들어주는 것이라는 것도 알게 되었다.

가타부타 말하기보다 강혁 씨처럼 "그래, 아빠가 뭐할까?"라며 행동으로 보여주어야 할 때가 있다. "옛썰!" 하는 아빠의 한마디가 행동이자 귀감이 되는 것이다. 어른답고, 가장답고, 저절로 존경심 우러나게 하는 말, "옛썰!"

"난,
무조건 네 편이야"

"오빠, 나 회사 그만둘까?"

"왜? 왜 그만둬? 그런 꿀직장을. 그만두면 뭐 할 건데?"

Y는 이 말을 하곤 실언했다, 싶었다. 정색하며 말하질 않길 그나마 다행이다. 여친이 무슨 마음으로 그런 말을 했는지 알면서도 자신이 생각해도 참 센스 없는 남자다. 늦기 전에 얼른 만회할 방법이야 왜 없겠는가.

"미안. 우리 자기. 힘들어?"

Y는 여친의 허리에 손을 두르며 다정하게 말했다.

"우리 자기 힘들면 언제든 내게 기대. 영원한 자기 편, 내가 있잖아. 자기 뭐 먹고 싶어?"

Y는 안다. 여친은 직장 그만두고 싶다고 의논하는 게 아니라 자기 마음을 알아달라는 것이다. Y는 여친이 맛있는 걸 먹으면 기분이 풀리는 것도 안다.

객관적인 것이 무의미한 순간이 있다. 사실과 진실을 내세울 필요가 없는 순간도 있다. 상대의 말이 합리적인지 비합리적인지 분석할수록 꼬이는 상황도 있다. 상대가 아플 때, 힘들어할 때, 지쳐 있을 때다. 무조건 일단 편들어주고 봐야 할 관계도 있다. 가족이 그렇고 '내 사람'일 때도 그렇다. 그런데 내 사람이 아프고 힘들고 지쳐 있을 때 오히려 그게 잘 안 된다. 대신 아플 수도 대신 해줄 수도 없어서 안타까움만 더 크기 때문인지도 모른다.

"진짜 그 인간 땜에…."

"내 친구 ○○ 있지. 걔가 오늘…."

이런 말을 들었다면 당신은 어떤 말로 반응하겠는가. 당신이 누군가에게 내 편이 되어주길 바라며 말했는데 상대가 이렇게 반응한다면 어떤 느낌이 들까.

"아, 부정적인 얘기 좀 그만해."

"그 집 얘기 좀 그만해. 귀에 딱지 앉겠다."

"그렇게 샘나면 당신도 살 빼면 되잖아."

"남의 집 얘기가 그렇게 하고 싶어?"

"당신 성격도 만만치 않아."

'한 편'이 되는 느낌이라곤 터럭만큼도 없는 말에 정나미가 떨어질 정도 아닌가. 반응의 옳고 그름을 떠나 '저 사람은 아니다'는 생각이 든다면 '내 편' 느낌이 들지 않아서다. 우리의 내면에는 평생 '어린아이'가 있다. 보호받고 싶고, 기대고 싶은 마음이 있는 것이다. 이 본능을 채워주는 사람이 내 편이 되어주는 사람이다. 나를 안심시켜주는 사람. 내 말의 객관성과 합리성, 옳다 그르다를 분석하지 않는 사람이다.

만난 지 100일이 된 남녀가 있다. 둘은 100일 축하 자리를 가지고 있었다. 둘은 진지한 만남을 가지는 중이다. 비혼주의자였던 남자 N은 결혼까지 생각하고 있었다. 그만큼 여친의 여러 조건이 맘에 들었다. 그런데 그날 여친이 와인 두 잔을 마시더니 이런 말을 하는 게 아닌가.

"나, 이 일이 안 맞나 봐. 이직 고려 중."

N은 와인 잔을 내려놓으며 말했다.

"무슨 말이야? 그런 직업은 갖고 싶어도 아무나 가질 수 없는 건데. 그런 생각은 하지도 마세요, 지민 님."

N 딴에는 부드럽고 진지하게 말했는데 이튿날 여친은 '우리 관계에 대해 생각할 시간이 필요해'라는 문자를 보냈다. 어안이 벙벙할 일이었다. 무슨 일이냐고, 왜 그러냐고 그가 몇 차례 문자를 보냈지만 여친으로부터 온 대답은 한결같았다. 생각할 시간이 필요하다고 했다. 지민 씨는 무엇을 생각하겠다는 걸까.

N이 수차례 이유를 묻자 지민 씨는 마지못한 듯 대답을 했다.

"오빠는 내가 아니라 내 직업이 마음에 들었던 것 같아. 나는 나 자체를 좋아하는 사람이 좋아."

N은 무슨 말인가 싶어 재차 물었고, 자신이 무엇을 잘못했는지

또 물었다. 지민 씨에게 돌아온 대답은 이랬다. "오빤 조건을 보고 날 만난 거 같아. 아니면 다행이지만." 그리고 이어진 이 문자가 마지막이었다.

"사랑은 따지는 게 아니라고 생각해. 내가 왜 이러는지 모르겠다고만 하지 말고 그날 내게 한 말을 생각해봐. 난 내 편이 필요해."

N은 그날 지민 씨에게 이렇게 말했었다.

1. 그만두기에는 자기 커리어가 아깝다고

2. 직장 생활 다 그런 거라고

3. 이 시기가 지나면 괜찮아질 거라고

N은 자신의 말에 객관성을 확보하기 위해서 자기 경험담과 선배들의 경험담을 들려주며 지민 씨의 마음을 돌리려고 애썼다. 그런데 이튿날 여친에게 결별 문자를 받다니 도무지 모를 일이었다.

N이 여친의 말에 이런 단계로 반응했다면 어땠을까?

1단계: 객관적이고 사실적인 조언 말고 무조건 여친의 이야기 듣기

2단계: 결론 내려주려 말 끊지 말고 들어주기

3단계: 그냥 마냥 맞장구쳐주기

4단계: 여친이 솔루션 묻기 전에 해결방법 말하지 않기

5단계: "나는 자기 결정이 항상 옳다고 믿어"라고 말하기

만약 결혼을 염두에 두는 사이라면 이런 믿음을 주는 말도 나쁘지 않다.

"자기야, 내가 자기 먹여 살릴 거야. 자기가 원하는 대로 해. 난 항상 자기 편이야."

전문직인 데다 자의식 강한 여친이라고 해서 이런 말을 싫어할까. 사람의 개성은 각기 다르지만 인지상정이라는 말처럼 비슷한 점도 많다.

1. 사람은 자기를 보호해주는 사람에게 안정감과 안전감을 느낀다

2. 자의식 높은 사람이라도 연약함과 자기연민이 있는 법이다

3. 안전기지가 있으면 정상까지 등반할 자신감이 생긴다

전문직이든 남들이 다 부러워하는 직업을 가진 여자든 '이 남자, 믿고 의지해도 되겠어'라는 마음과 안전기지(secure base)가 필요하다. 내 남자로부터 매번 "넌 강한 여자야"라는 말을 듣고 싶은 사람은 없다. 그건 여자 스스로 자신에게 하는 내면의 말로도 충분하다. 남자여자를 떠나 우린 '받고' 싶다. 관심과 사랑, 보호와 인정을 받으면 해결할 힘도 얻는다. 안전감이 확보되면 자

존감도 높아진다.

우린 서로 기대고 의지하고 싶다. 남녀노소, 직업불문, 학력불문이다. 열심히 일한 사람일수록 열심히 산 만큼 고단할 때 기댈 수 있는 누군가가 있길 바라는 것이다.

어느 50대 여성분은 결혼하기로 결심했다며 이런 얘기를 들려줬다.

"그동안 열심히 일했으니 자기와 결혼하면 이제 좀 편하게 쉬래요. 그 말이 그렇게 좋았어요. 이 사람이라면 여생을 같이 해도 좋겠다 싶은 거 있죠."

나는 그 씩씩한 커리어우먼의 입에서 나온 말인가 의심했다. 70세까지 일을 멈출 사람이 아니었기 때문이다. 나는 괜한 질문을 해봤다.

"정말 결혼하면 일 안 하실 거예요?"

"무슨요, 결혼은 결혼이고 일은 일이죠. 근데 그 말이 눈물 날 만큼 편안하고 따뜻하게 느껴지더라구요. 이 남자에게 가끔 기대도 되겠구나 싶었어요."

나는 그 남자를 모른다. 하지만 그 남자분이 여자분의 배필이 될 사람이란 건 안다. 고달픈 세상살이에 말이라도 따뜻하고 맘에 들게 하는 사람이라면 된 거다. 대신 해줄 수도 대신 살아줄 수도 없는 인생살이에서 말이 어딘가. 말 한마디에 10가지, 100가지 기쁨과 행복이 들어 있다. 이제 당신의 사람이 이렇게 말한다면 어떻게 말할 것인가.

"오빠, 나 회사 그만둘까? 인간들 땜에 너무 힘들어."

"우리 자기, 힘들어? 무슨 일 있었구나. 오빠한테 말해봐."

이보다 더 좋은 대답도 있을 것이다. 정말이지 말 한마디로 여친은 당신의 천생배필, 천생친구가 되고 싶다고 생각할지 모른다. 그러니 내 사람의 "직장 때려치우고 싶다" "다 그만두고 싶다"는 말에 정색하며 인생 정답을 말하지 않아도 된다. 정답은 이미 내 사람이 알고 있다. 다만 당신은 내 사람 편이 되어주면 그걸로 충분하다.

사랑, 고마움, 위로가 전달될 수 있을 만큼 오버해 표현해도 괜찮다. 몸을 한껏 기울여 경청도 하자. 그러나 적극적으로 경청한다고 해서 조언하고 싶은 마음으로 들으면 절반만 듣게 된다. 혹시라도 전하고 싶은 말이 있다면 긍정의 말부터 시작하면 좋다. 서로 다름을 인정하며 대화의 물꼬를 트고 마중물을 부어 대화의 샘물을 길어 올리는 것이다. 그런 대화를 하며 걷는 길이 꽃길이다.

3장

마음과 달리 여전히 표현하기 힘든 말

“꽃길만 걷게 해줄게요”

과장된 표현이 좋아!

친구가 맛(있게)점(심식사)하라는 문자와 함께 이모티콘을 보내왔다. 이모티콘이 너무 귀여워서 당장 구매해 아들에게 이 이모티콘을 보냈다.

아들의 반응은 "엄마도 이런 거 쓰세요?"였다. "응, 귀엽잖아" 했더니 아들 여친도 같은 이모티콘을 쓴다고 했다. 세대를 뛰어넘은 감각을 가진 엄마에 대한 칭찬인가 했더니 그건 아니었다. 여친이 이 이모티콘으로 자기 기분을 엄청 업 시켜준단다. 기분이 좋아지는 이유를 말하는데 요즘 Z세대 남자 아이들의 성향을 엿본 듯했다. 상대를 기분 좋게 하는 데 칭찬만 한 게 없다는 것과 칭찬 좋아하는 데는 세대 차이가 없다는 생각도 했다.

칭찬에도 독이 있다? 나는 그 말에 동의하지 않는다. 독이 될 만큼 칭찬을 남용한 적이 없으므로. "제발, 그만 칭찬하라"는 하소연을 하는 사람도 본 적이 없으므로. 그러므로 이모티콘으로나마 과장된 칭찬을 남용해도 질리지 않을 것이다.

절로 웃음이 머금어지며 기분 좋아지게 하는 이모티콘이 많다. 내가 구입한 것만 해도 그렇다. '감사합니다' 할 땐 토끼 귀가 땅에 닿을 정도가 아니라 귀가 땅바닥을 친다. 이 정도면 고마움의 표시로는 더할 나위 없다. 기분이 좋다는 'good'이라는 표현은 어떤가. 엄지 2개를(양 엄지척) 상체를 다해 척, 올린다. 진짜 최고가 된 느낌이 들 정도로 자존감 올리기에 이만한 리액션은 없을 듯하다. '그래서? 그래서?'는 경청이란 이런 것임을 확실하게 보여준다. 기다란 귀를 쫑긋하는 건 물론이고 몸까지 기울인다. 그러면서 '그래서? 그래서?'라며 리액션을 하니 이렇게 기분 좋아질 수가.

아들은 이 중에서 '우하하하하하하하'가 제일 맘에 든단다. 자신이 조금만 웃겨도 여친은 진짜 웃긴다면서 이 이모티콘을 보내준다나. 그러면서 자기 여친은 마음이 더 이쁘단다. 마음이 더, 라고 말하는 걸 보면 외모는 당연히 이쁘다는 뜻일까. 옆에 있던 누나가 한마디한다.

"하여튼 애나 어른이나 자기 칭찬하면 다 좋고 다 이쁘대."

나는 이 말을 들으며 "그럼, 당연하지"라고 했다. 자기 말에 귀 쫑긋하며 귀 기울여주는 사람, 작은 일에도 땅에 닿도록 고마워하며 감사를 표현하는 사람, 최고라고 하며 양 엄지척 해주는 사람, 자신의 별것 아닌 유머에도 박장대소하며 웃어주는 사람. 이런 사람이 좋고 이뻐 보이는 건 당연한 거 아닌가. 나 좋다는 사람, 나 칭찬하는 사람이 좋은 건 남녀가 따로 없고 노소가 다르지 않은 것이다.

나는 이모티콘 예찬론자는 아니다. 글자로 표현해야 할 걸 그림으로 보여주니 이미지에만 의존하는 습관을 들인다고 반박하기도 한다. 이모티콘을 보내는 습관이 섬세한 언어적 표현을 방해한다고 딴지를 걸기도 한다. 하지만 이번 기회에 느낀 바가 몇 가지 있다.

첫 번째로 남녀노소가 경청, 공감, 리액션에 공감하고 있다는 것을 확인해서 좋았다. 우리 아들 세대인 Z세대 남자들의 소통과 공감에 대한 생각도 엿볼 수 있어 또한 좋았다. 아들 말에 의하면 여친은 자기가 조금 힘들어하면 '눈물이 바다'가 되는 이모티콘을 보내주는데 그러면 자신은 '그 정도는 아냐. 힘낼게' 한다나. 그리곤 덧붙이게 된단다. "고마워, 걱정해줘서."

세상이 참 많이도 변했다.

"남자가 돼서 울기는…."

"남자가 씩씩해야지. 사내녀석이 웬 호들갑이냐."

이렇게 남자의 감정을 꽁꽁 묶어 구속하던 시절이 있었다. 이제 "여자가, 남자가"라는 말로 '인간 보편의 감정'을 속박하지 않는다. 감정을 자유롭게 느끼고 표현하는 것은 남녀가 따로 없다고 여기는 것이다. 당연하다. 인간 감정은 인간에게 평등하게 적용되어야 하지 "남자가"라는 말로 감정을 속박한다면 말이 안 된다. 그리고 다행이다. 표현할수록 서로를 이해하기 마련이므로 여자를 이해하지 못하겠다는 말을 하는 남자가 줄어들 것이고 "남자들은 무슨 생각하며 사는지 모르겠다"는 말을 하는 여자들도 줄어들 테니 말이다.

나는 아들을 보며 말했다. "엄마한텐 하트 뿅뿅뿅 마구마구 날리는 이모티콘, 그거 가끔 보내줘"라고. 이 말을 하면서 아들의 반응이 궁금했다. 아들은 내게 즉시 양손으로 손가락 하트까지 날리며 말했다.

"물론이죠, 엄마. 하트뿅."

이 장면을 지켜본 딸의 반응은 이랬다.

"웩!"

딸의 반응에 내가 말했다.

"딸아, 너도 표현하는 남자가 좋지?"

딸이 망설임 없이 대답했다.

"당근!"

이왕 진화한 김에 남자들이 좀 더 말 표현에 적극적인 세상이면 좋겠다. 이 생각만으로도 좋다. 말귀 못 알아듣는 남자, 대화

안 되는 남자라는 말은 머지않아 화석으로 남게 될 것이니. 아들을 둔 엄마로서 더없이 반갑기도 하다. 아들들이 남자라서 말귀를 못 알아듣고, 남자라서 표현이 무디다는 말은 듣지 않을 거 같아서다.

과묵하고 진중한 표현을 교육받은 나도 과장된 표현을 하는 이모티콘이 좋은 걸 보면 우리 아들 세대는 이런 과장 표현이 예사 표현일 거다. 부디 자꾸 표현해서 사랑도, 고마움도, 격려도, 위로도 잘 전했으면 좋겠다. 종은 울릴 때까지 종이 아니며 사랑은 표현할 때까지 사랑이 아니란다. 남자들이여. 더 많이 표현하라. 과장된 표현이 더 좋을 때가 많다.

"근데 말이야"

에피소드 1, C와 아빠 이야기

"아빠, 우리 팀장님은 내가 한 일을 왜 자기가 다 한 것처럼 말하는지 모르겠어. 진짜 꼰대 전형이야."

강아지 산책시키러 아빠와 공원에 나온 C가 아빠에게 한 말이다. 아빠는 딸을 보며 "무슨 일이 있었는데?"라는 반응을 보였다. 여기까지는 좋았다. 하지만 역시, 였다. 딸의 이야기를 조금 듣던 아빠가 "근데 말이야" 했던 것이다. C는 아차, 했다. 아빠의 "근데 말이야"에 이어지는 입바른 말씀이 시작되었기 때문이었다.

C는 아빠에게 또 속았다는 표현을 했다.

"제가 '무슨 일이 있었는데?'라는 아빠의 반응에 방심했던 거예요. 제 이야기를 진지하게 들어줄 거라고 생각했던 거죠. 또 속은 거예요. 우리 아빠가 어디 가겠어요."

아빠는 마치 문제집 뒤에 있는 정답지를 쥐고 있는 분 같다고 했다. 이건 맞고 이건 틀리다는 것을 알려주려는 듯 딸의 말을 다 듣지도 않는다고. 그날도 그랬다. "근데 말이야. 팀장님이 꼰대라기보다는 자기가 책임자니까 아마도 그렇게 했을 거야. 설마 네가 한 걸 자기가 가로채려고 했겠냐. 그건 네 생각이지. 괜히 팀장님 된 거 아니니까 잘 보고 배워. 잘못한 것만 보면 네가 배울 게 없잖니. 그럼 너만 손해지. 직장이란 게 말이야…."

아빠의 "근데 말이야"에 대화의 벽을 느낀 C의 입에서 이런 말이 튀어나왔다.

"아, 됐어. 아빠한테 이런 얘기 안 하는 건데."

그랬더니 아빠 왈, "그래, 하지 말아라. 네 손해지."

C는 왜 자신의 일을 아빠의 경험을 빗대어 가르치려는지 이해가 안 된다. C도 이제 30대인데 아빠에게는 철없는 아이처럼 보이는 걸까? 그저 속상한 마음을 위로받고 싶었던 C는 이성적인 영역에서 항상 바른 소리만 하려는 아빠에게 서운함만 느낀다. 차라리 말을 하지 않았다면 서운함도 없었을 거라는 생각에 "아빠한테 이런 얘기 안 하는 건데" 했는데 아빠는 "그래, 하지 말아라. 네 손해지" 하신다. 뭐가 손해라는 건지 묻고 싶지만 "근데 말이야"가 나올까 봐 C는 입을 다물었다.

부모라면 C의 아빠가 왜 그런지 안다. 딸에게 조언하며 더 나은 방법을 알려주고 싶어서다. 만약 아빠로서 해주고 싶은 말이 있다면 "그래? 그래서 어떻게 했어?"라는 질문의 형식으로 묻고, 듣는 것을 선택하면 된다. 딸이 말하는 동안 '객관적 관찰자'로서 자기 성찰을 하며 아빠가 해주고 싶은 말을 스스로 찾아낼 것을 믿으면서 말이다. 딸의 말을 다 듣고 나서 꼭 해주고 싶은 말이 있다면 '청유형'으로 하면 화룡점정이다.

"아빠 생각인데, 팀장님한테 이러저러하게 말하면 어떨까? 딸 생각은 어때?"

성급하게 가르쳐주려는 "근데 말이야" "그게 아니라, 그 사람은 그래서 그랬을 거야"는 좋게 말했어도 나쁜 결과를 초래할 수 있다. 말하는 사람은 정답으로 말했지만 듣는 사람에겐 오답일 수 있기 때문이다. '아빠 경험이 많아도 내 경험은 아니잖아'라는 생각에 "괜히 말했어. 아무튼 대화가 안 돼"라는 말이 나온다.

● ● ● 에피소드 2, C와 남자친구 이야기

C는 몇 주 전, 맘에 드는 남자친구를 만났다. 좋은 감정일 때 미리 말해두는 게 좋을 것 같아서 C는 말했다. "나는 내가 말하면 '근데 말이야'라는 말을 하는 사람이 싫어. 왜냐하면 근데 말이야

는 내 말을 있는 그대로 받아들이는 게 아니라 객관적이고 이성적으로만 판단하는 거잖아. 나는 판단을 듣고 싶은 것이 아니라 내 마음을 알아달라는 거거든."

남자친구는 알았다고 했다. 그 정도가 뭐 어렵겠냐고. 하지만 그 이후에 C가 가끔 고민을 털어놓으면 "근데 말이야. 있잖아" 하면서 자신의 경험담을 빗대어 컨설팅을 하더란다. 물론 아빠와 남자친구는 똑같진 않았다. 아빠는 단도직입적으로 "근데 말이야" 했다면 남자친구는 C가 부탁한 보람이 있는지 "힘들었겠네. 고생이 많네"라고 말한 다음에 "근데 말이야"를 했으니까.

그날은 박사 논문 영문 초록이 잘못되어 심하게 스트레스를 받은 이야기를 했는데, 남자친구가 박사 논문 쓸 때 자신의 경험을 말하기 시작했다. "근데 말이야, 너만 힘든 게 아냐. 박사가 넘친다고 하지만 박사 해본 사람은 알잖아. 그게 얼마나 힘든지. 나도 그때 엄청 힘들었어."

순간 C는 아빠가 떠오르며 맥이 빠졌다. "오빠, 내가 부탁했잖아. 내 입장이 돼서 좀 들어만달라고. 누가 오빠 경험담 들려달랬어?" 하고 싶었지만 힘들고 귀찮아서 "그래, 알았어" 했다. 그런데 C는 남자친구가 이튿날 보낸 카톡에 '이건 아니지' 싶었다.

"오늘은 좀 기분이 괜찮아? 역시 내가 컨설팅한 보람? 내가 카운슬러 재능이 있지."

이어지는 카톡에 남자친구는 자신이 공감을 잘해주는 남자라고까지 했다. C는 그냥 넘어가면 다음번에도 비슷한 일이 생길 것 같아 용기 내어 말했다.

C : 어젠 솔직히 별로였어.

남자친구 : 별로였어?

C : 오빠 얘길 더 많이 해서 별로 와닿지 않음. 무슨 말인지 알지?

C는 이 문자를 보내놓고 후회했단다. 남자친구가 또 컨설팅을 시작하면 완전히 실망할 것 같아서였다. 하지만 용기 내길 잘했다고 한다. 남자친구와 앞으로 더 잘될 것 같다고도 했다. 나는 C가 보여준 문자를 보면서 받아들이는 말 한마디의 힘을 다시 느꼈다.

남자친구 : 내가 힘들다는데 지 얘기만 하고 있네. ㅂㄷㅂㄷ(부들부들) 그랬어?

C : 잘 아네.

남자친구 : 오키. 그동안 내 카운슬러 자격은 무면허임이 입증됨. 자기가 가르쳐주면 제대로 자격을 갖출 듯.

C : 만약에 컨설팅이 필요하면 '그럴 땐 어떻게 하면 좋을 거 같아? 오빤 이런 경험 있어? 어떻게 생각해?' 하고 물어볼게. 그땐 진지하게 알려줘. 나도 오빠 말 잘 들을게.

남자친구 : 오키오키. 그럴게. 말해줘서 고마워.

C도 남자친구에게 "고마워"라고 보냈단다. 말하면 더 나아지려고 노력하는 남자친구가 정말 고마웠다고.

상대의 고민을 듣자마자 이성적인 컨설팅을 하며 흡족해하는 사람이라면 C의 에피소드에서 느껴지는 바가 있을 것 같다. 말하는 사람은 옳다 그르다, 맞다 틀리다를 채점해달라는 게 아니다. 그냥 그 상황에 감정이입해 들어달라는 것이다.

정답을 알려주고 싶고, 컨설팅해주려는 마음으로 들으면 상대의 말이 100% 들리지 않는다. 50%쯤 들으면서 자신이 할 말을 준비하기 때문이다. 100% 듣고 50%쯤 말하는 것은 어떨까. 사실 50%보다 더 줄여도 된다. 잘 듣는 것이 잘 말하는 것이므로.

잘 들어주는 아빠에게 실컷 말한 딸은 말할 것이다.

"우리 아빠하고는 대화가 돼. 아빠한테 말하면 다 풀려."

잘 들어주는 남자친구에게 여자친구는 말할 것이다.

"오빠한테 말하면 해결점이 보여. 잘 들어줘서 고마워."

"꽃길만 걷게 해줄게요"

어느 날 예비 신랑이 꽃바구니를 보내왔어요. 꽃바구니에 '꽃길만 걷게 해줄게요'라고 씌어 있었는데요. 너무 좋아서 식구들에게 자랑할 겸 거실 탁자에 올려놓았는데 아빠가 퇴근하셔서 보시더니 "우와, 앞으로 우리 딸만 따라다녀야겠다. 아빠도 꽃길 같이 걷게" 하시는 거예요.

이 말씀에 저는 놀랐죠. 아빠가 밝게 웃으시며 저 듣기 좋은 말을 하시니 기분이 좋은 거예요. 솔직히 신랑에게 꽃바구니 받은 것보다 아빠의 그 말이 더 좋았어요. 사실 예전의 아빠 같으면 시니컬하게 말씀하셨을 거예요. 이를테면 이런 거죠.

"꽃길만 걷는 인생이 어딨냐. 인생이란 게 가시밭길도 있고 자갈길도 있는 법이지."

아빠는 옳은 말, 맞는 말만 하시며 남의 속 적당히 긁어놓는 스타일이었거든요. 아빠 별명이 '맞는 말 선수'일 정도로요. 솔직히 말하면 우리 가족은 아빠의 '맞는 말'에 가끔 '맞는' 느낌도 들었어요. 아빠는 맞는 말만 골라 하며 사람 속 긁는 가족 트러블 메이커였거든요. 엄마는 "예비 사위랑 자주 만나더니 아빠 말이 아주 따숩게 변했어. 확실히 말본새가 달라지셨지 않니?" 하세요. 엄마 말에 의하면 딸 결혼 앞두더니 아빠가 변하셨대요. 저도 아빠가 점점 더 좋아져서 아빠에게 사랑 표현도 많이 하게 돼요. "아빠 두고 나 어떻게 결혼하지?" 그러면 아빠는 이렇게 화답하세요. "우리 딸이 결혼하게 돼서 아빠한테 멋진 아들(사위)까지 안겨주니 금상첨화지"라고 말이죠.

저와 아빠의 몇 년 전 대화와는 완전 수준이 달라졌어요. 엄마는 "예비 사위 덕분"이라고 말씀하시는데 저도 동감이에요. 제 남친은 진짜 말을 해도 배려심 있게 잘하거든요. 그래서 저는 오빠가 말하는 '꽃길'을 이미 걷고 있는 거예요. 결혼한 친구들도 그러는데 결국 말이래요. 성격 차이도 알고 보면 말에서 시작되고, 부부 사이도 말이 결정한다는 거죠. 말이 안 통하면 지옥길이고, 말이 통하면 꽃길이구요.

30대 초반의 예비 신부 이야기를 듣는 동안 내 입가에 미소가 떠나질 않았다. 결혼을 앞둔 행복한 신부의 모습도 보기 좋았거니와 들려주는 에피소드까지 행복 그 자체였다. 그중에서도 신부 엄마가 말한 '말본새'라는 말이 귀에 쏙 들어왔다.

말본새는 구어체에서 자주 사용되는 말이다. 말하는 모양새, 태도, 말투 등을 이른다. 사람에 따라 말 콘텐츠보다 말본새를 더 중요하게 여기는 경우도 있을 만큼 대화에서 큰 비중을 차지한다. 말 듣고 싶고, 말 나누고 싶게 하는 건 말본새가 좌우한다고 해도 과장이 아니다.

맞는 말만 골라 하며 가족 속 긁어놓던 가족 트러블 메이커였던 아빠가 지금은 딸이 아빠에게 사랑 표현하고 싶을 정도가 된 이유는 말본새가 달라져서다. 같은 말을 해도 밉상으로 하는 사람이 있고, '따숩게' 하는 사람이 있다. 순전히 말본새 때문이다.

도대체 말이 뭐길래 어떤 딸은 아버지를 벗어나 결혼하고 싶은 게 인생 목표고, 어떤 딸은 "아빠 두고 어떻게 결혼하지?" 할까. 그리고 예비 사위는 얼마나 말을 배려심 있게 잘하기에 예비 장인의 말본새까지 바꿔놨을까.

"말이 안 통하면 지옥길, 말 통하면 꽃길"이라는 예비 신부의 말도 생각할수록 공감이 되었다. 금실로 수놓은 꽃방석도 말이 안 통하는 사람과 마주 앉았다면 좌불안석 가시방석이 될 수 있고, 바라만 봐도 말 통하는 사람과는 얼기설기 지은 대자리라도 행복 넘칠 수 있지 않은가. '얼음 위에 댓닢자리 보아 님과 나와 얼어죽을망정'이라는 시가 말해주고 있다. 사랑하는 님과 함께라면 얼음 위의 댓닢자리도 원앙금침인 것이다. 그러고 보니 가요 가사도 생각난다. '사랑한다, 정말 사랑한다는 그 말 해준다면. 나는 사막을 걷는다 해도 꽃길이라 생각할 겁니다.'

전국 강연을 다니다 보니 고속도로 휴게소엔 마실 가듯 하는 편이다. 세계 어느 곳에 내놔도 자랑할 만한 고속도로 휴게소 화장실 들르는 길에는 가요가 흥겹게 흘러나와 먼 여정의 피로를 풀어줄 때도 있다. 그날은 마침 노사연의 〈바램〉이었다. "지친 나를 안아주면서 사랑한다 정말 사랑한다고…." 이 대목을 따라 부르던 두 여자분이 말하는 소리가 들렸다.

"지친 나를 안아주며 사랑한다고 말해주면 그게 꽃길 맞지."

"다 풀리지. 그 말 한마디에."

그 말을 듣는 순간 나는 엄마의 말이 떠올랐다. 오래전, 결혼을 앞둔 남동생에게 하신 말이었다. "사람은 마음으로 사는 거다. 말심(힘)으로 사는 거지." 그 당시 약간 울툭불툭하게 말하는 아들의 말습관이 염려되셨는지 이 말도 잊지 않으셨다.

"네 아내에게 따순 말 자주 해야 한다."

엄마의 금과옥조 같은 말씀을 잘 지키고 사는지 동생 내외는 금슬 좋게 잘 살고 있다.

말, 말고 또 뭐가 있을까. 따뜻한 말을 듣는 길이 꽃길이고, 사랑한다고 속삭이며 걷는 길이 꽃길이다. 꽃바구니를 보낼 일이 있을 땐 '꽃길만 걷게 해줄게'라고 보내고, 만나면 손잡고 "사랑한다, 정말 사랑한다"고 말한다면 이 말을 듣는 여자의 마음은 이미 꽃길을 걷는 행복으로 충만하다.

퇴직하고 몇 년 지나니 자신은 아내에게 찬밥이고 쉰밥 취급을 받는다는 사람이 있다면 '말본새'가 이상하지 않았는지, '말 인심'이 박하진 않았는지 잘 살펴보면 보인다. 젊었을 때부터 정서적 교감과 스킨십, 정서를 동반한 사랑의 말 인심이 후했다면 나이 들어서도 아내와 자녀에게 존경받고 귀한 대접을 받을 것이다.

혹여라도 상대방이 고쳤으면 하는 것도 '긍정의 말Positive, 하고 싶은 말Negative, 긍정의 말Positive' 순서로 하면 좋다. 일명 PNP 비법이다. 명령이 아니라 청유형으로 부탁하고 지시가 아니라 허락받듯 말하고, 우리는 한편이라는 마음으로 말한다면 이 또한 사랑한다는 표현과 다름없다. 그런 말 하는 사람과 손잡고 가는 길이 꽃길이다.

살아보니 우리 엄마 말씀이 새록새록 맞다. 사람은 말심(힘)으로 사는 게 확실하다. 말 한마디에 당신의 사람은 당신을 깊이 이해하고 사랑하고 존경할 '힘'을 얻는다. 내 마음을 알아주길 바란다면, 가족들과 더 가까이 지내고 싶다면, 따순 말본새로 말하면 된다. 그리고 자주 표현해야 한다. 사랑한다고.

"누군가를 사랑한다면 바로 말하래, 크게. 그렇게 안 하면 그 순간은 지나가니까."

영화 〈내 남자친구의 결혼식〉에서 마이클과 줄리안(줄리아 로버츠 분)의 대화가 인상 깊다. 이 순간도 지나고 있다. 말하자. 더 늦기 전에. 미루지 말고, 지금.

남자가 말을 이쁘게 하면 생기는 일

아주, 객관적으로 아름다운 여자 A가 있다. 전문직에 커리어가 만만찮고 집안까지 남부럽지 않은 A는 대학 때부터 블라인드 데이트를 했다. 친구들끼리 소개하는 소개팅 수준이 아니라 집안 소개로 만나는 맞선 소개팅이었다. 집안끼리의 주선이니 남자 측도 A네 못지않거나 훨씬 나은 조건이었다.

"요즘은 불공평한 세상 맞는 거 같아. 예전엔 인물 좋으면 집안이 안 좋거나 공부를 못하거나 공부를 잘하면 집안이 어렵거나 뭔가 공평했잖아. 개천에서 용 난다는 말도 그렇고. 근데 요즘 애들은 인물도 훤하고 집안도 좋고 머리도 좋네. 참 신기해."

어쩌다 양쪽 부모들이 동석한 맞선 자리에서 돌아오면 A의 엄마와 아빠는 감탄했다. 하지만 A는 이렇게 잘난 남자들과 세 번 이상을 만나지 못했다. 풍요 속의 빈곤이라는 말을 입증이라도 하듯 대학 졸업하자마자 결혼식을 올릴 듯 많은 맞선을 봤음에도 A는 20대 후반까지 남친조차 없었다.

그러던 A에게 남친이 생겼다. 유럽 여행에서 만난 평범한 회사원이었다. A의 부모는 처음엔 반대했지만 작전을 바꾸었다. 말릴수록 뜨거워지는 게 남녀 사이니 그냥 두면 저절로 헤어질 거라는 계산이었다. A는 좋은 조건의 남자들도 세 번 이상 만나지 않은 전력이 있었다. A의 부모는 눈이 높고 싫증을 잘 내는 딸이니 그냥 지켜보자고 의견을 일치시켰다. 그러나 계절이 두 번 바뀌도록 남친과 헤어지기는커녕 딸의 얼굴은 날로 화사해지기만 했다. A의 부모는 안 되겠다 싶었다. 딸의 연애를 이대로 지켜보다가는 결혼까지 가겠다는 위기의식이 든 것이다. 마침 탐나던 집안에서 맞선 제의도 들어왔다.

부부는 딸과 정식으로 대화 자리를 갖기로 했다. 하지만 설득과 회유를 작정했던 A의 부모는 한 시간도 안 돼서 딸에게 설득당했다. 먼저 설득당한 건 엄마였다.

"채민아, 그 남자 괜찮다. 여보, 당신도 아무 말 마. 난 찬성이야."

알고 보니 경제적인 조건이 생각보다 좋았던 걸까? 아니다. 오히려 생각한 것보다 실망스러웠다. 결론부터 말하자면 "그 친구는 말을 이쁘게 해"라는 딸의 말 때문이었다.

"엄마, 난 그 사람하고 말하면 자존감이 쑥쑥 올라가."

"아빠, 나를 그렇게 존재감 있게 만들어주는 사람은 지금까지 없었어."

"엄마, 잘난 남자들, 따지고 평가하고 판단하고 분석해. 왜 그렇게 매사 심각하게 살고 따지고 분석해야 해? 인생이 일이야? 사랑이 논리야?"

"아빠, 그 사람 속이 그 사람 말이잖아. 아빠도 그랬지? 인성이 좋아야 한다고. 인성이 어떻게 보여? 말이잖아."

아빠는 딸의 발그레한 얼굴을 보며 슬며시 걱정이 사라졌다. '저렇게 좋은가' 싶어서다. 그런 생각을 하자 더 궁금해졌다.

아빠 : 어떤 말이 그렇게 네 자존감을 올려주는지 아빠한테 말 좀 해봐라.

딸 : 아빠, 그 사람은 진짜 말을 이쁘게 해. 내가 말하면 나로 빙의한 것같이 들어주고 나를 신나게 해. 그 사람하고 말하면 정말 내가 뭐라도 되는 것 같아. 내가 반짝거리는 거 같아.

아빠 : 남자가 이쁘게 말하고 비위 맞추는 말이나 하면 그거 문제 있어. 말 잘하면 그게 다 입발림이지. 속이 알차야지.

여기까지 듣던 엄마가 깜짝 놀라 말했다.

엄마 : 여보, 아냐. 나도 당신이 그래서 결혼했어. 난 당신이 나를 엄청 이쁘다 이쁘다 해줘서 그게 신났어. 딸아, 엄마는 네 교제 허락이다.

딸 : 역시 우리 엄만 나랑 통한다니까. 엄마, 오빠 입을 여는 순간 나를 공주로 만들어.

엄마 : 세상에. 그 사람이 네 배필인가보다. 평생 말하고 살아야 하는데 그 사람 말이 좋으면 다 된 거야. 뭐 더 필요해. 여보, 그렇지?

아빠는 이쯤부터는 고개를 끄덕이기 시작했다.

아빠 : 그렇지, 예로부터 수양이 부족하고 내면이 번잡한 사람은 말이 거칠다고 했어. 말 이쁘게 하면 심성이 곱고 결이 고운 거지. 그 친구 만나보자. 우리 딸 안목을 믿지만 그래도 남자 대 남자로 봐야 보이는 것도 있어.

나는 A의 말에 백배공감한다. A의 부모가 왜 딸의 말을 듣고 교제를 허락했는지도 안다. 말을 이쁘게 한다는 것의 의미를 너무도 잘 알기에 그렇다. 『이쁘게 말하는 당신이 좋다』는 내 에세이집이다. 나는 그 에세이에서 말은 힘이 있다고 자주 말했다. 말은 힘이 센 만큼 이쁘게 말하는 건 모든 조건을 뛰어넘을 만큼 힘이 있다고.

말의 힘을 모르는 사람은 없을 것이다. 그럼에도 자신의 인성과 인품을 돋보이게 하는 말습관을 가진 사람이 귀하다. 3학년 남고생 급훈에 '지금 노력이 여친을 결정한다'가 있었다. 한창 공부의 힘든 고비를 넘는 고3 학생들이 웃자고 정한 급훈이겠지만 나는 이 급훈을 이렇게 패러디하고 싶다. 좋은 말습관 들인 남자는 어떤 조건의 여친이라도 잘 사귈 수 있다고. 말 조건보다 더 중요한 조건이 있을까. 말을 빼고 무엇을 더 말할 수 있을까.

천 리 가는 꽃향이 있다지만 인품의 향기는 수만 리를 간다고 한다. 사람에게 향기가 있다면 인향(人香)의 완성은 말의 향기다. A와 부모의 말을 들으면 더 확실해진다. 사람의 향기는 사랑을 꽃피운다는 것.

"엄마아빠, 살다 보면 싸울 때도 있잖아. 근데 내가 이 사람이다, 한 게 언젠 줄 아세요? 오빠와 한 번 대판 싸운 적이 있었거든. 그때 그 사람 인격이 보이는 거야."

A의 엄마아빠는 딸을 응시했다. 진심으로 궁금해서였다.

"'네 말, 잘 들었어. 지금 나랑 너랑 생각이 많이 다르네. 시간 좀 가졌다가 나중에 다시 얘기하면 어때?' 이러는 거야. 앞뒤 안 가리고 끝내고 싶을 때도 있잖아. 근데 그 오빠가 나보다 한 수 위에서 나를 바르게 이끌고 있는 거야. 완전 감동이었어."

아빠는 그때부터 딸의 남친에게 호감을 굳혔는지 이렇게 말했다.

"그 녀석, 점점 궁금해지네."

말은 인간에게 공평하게 주어진 선물이지만 오용하고 남용하면 독극물이 된다. 마치 남을 쏘고 자신은 죽는 벌처럼 말독은 남에게 상처도 주고, 자신을 먼저 죽이기도 한다. 감정 쓰레기를 담아 말하곤 그 말과 함께 스스로 쓰레기통에 처박히는 사람이 있고, 꽃처럼 향기롭게 말하는 사람이 있다. A의 아빠 말이 맞다.

"급할 때 나오는 말이 그 사람인데, 너랑 이견이 있을 때 그 정도로 침착하다면 믿을 만하다. 엄청난 재산을 가졌네, 그 친구."

엄마도 말했다.

"여보, 우리 딸이 남자 보는 안목이 있는 거 같아. 완전 당신 젊었을 때네. 우리 아버지가 당신 만나고 당신 말에 인품이 보인다고 하셨거든. 자기도 진짜 말 이쁘게 하는 거 알지?"

달라도 너무 다른 당신과 나

'왜 저렇게 꼬치꼬치 따지지? 그냥 좀 넘어가면 안 되나?'

이런 생각이 들게 하는 사람이 있다. 반면에 '왜 저렇게 아무 생각 없이 살까. 복잡하지 않으니 본인 살기엔 참 편하겠다' 싶은 사람도 있다. 자기 할 말은 꼭 해야 하는 사람, 답답할 정도로 표현 안 하는 사람 등 달라도 너무 다른 사람이 만나면 '상극이 만났다'고 한다. 혹자는 비슷한 사람보다 서로 다른 사람이 만나면 잘 산다고 하지만 달라도 너무 다른 둘 사이에 갈등이 생기면 위태위태하다. 서로의 '다른 점'을 '단점'으로 비난하기 때문이다.

이경 씨와 준수 씨는 결혼 날짜를 잡고서야 서로가 얼마나 다른지 시시각각 느낀다. 왜 몰랐을까? 왜 저럴까? 결혼 준비로 매일 만나는 며칠 동안은 결혼에 대한 회의감에 빠질 정도다. 준수 씨가 요즘 이경 씨에게 많이 하는 말이 "왜 그래? 그게 뭐가 중요해. 예민하기는"이다. 그 말에 이경 씨는 이렇게 맞받아친다. "오빠 성격이 더 이상해. 내가 예민한 게 아니라 오빠가 너무한 거야. 술에 술 탄 듯 물에 물 탄 듯. 성격이 진짜 이상해."

준수 씨는 결혼을 앞두면 여자들이 예민해진다는 말은 들었지만 정도 이상이라는 생각이 들었다. 매사 따지고, 그냥 넘어가는 법이 없는 여친의 성격을 자신이 감당할 수 있을지 걱정이다. 이경 씨는 좋은 게 좋은 거라는 식의 준수 씨 성격이 이해가 안 된다. 두루뭉술 넘어가는 성격을 보면 손해만 보고 살 것 같아서 도무지 맘에 안 든다. 결혼을 앞둔 예비부부니까 아직 서로에 대해 충분히 이해를 못해서 그런 걸까.

결혼 5년차인 민석 씨와 혜경 씨. 1월 1일 아침, 식사시간에 아내가 남편에게 물었다.

아내 : 오빠 올해 뭐가 목표야?

남편 : 올해? 글쎄, 올해도 그냥 열심히 사는 거지.

아내 : 아니. 그래도 새해 목표가 있을 거 아냐. 버킷리스트 같은 거.

남편 : 목표 세우는 사람치고 작심삼일 아닌 사람 없더라.

아내 : 오빤, 성격 참 편해. 왜 그렇게 그냥 살아? 계획이 있어야 발전하지.

남편 : 우리 자긴 계획이 다 있구나.

민석 씨는 영화 〈기생충〉의 대사를 흉내 내며 분위기를 전환하려고 했는데 아내가 "대화가 통해야 말을 하지" 하는 것 아닌가. 민석 씨는 이런 말을 하는 아내 성격이 이해가 안 된다. 좀 가볍고 즐겁게 살면 안 되나? 매사 계획하고 목표를 세워야 잘 사는 건가? 현재가 중요한 민석 씨는 '미래지향적인 아내가 참 피곤하겠다'고 생각한다.

모 방송에 MBTI 검사가 나온 이후로 성격에 대한 관심이 더 많아졌다. 에니어그램에 대한 관심도 높다. 성격에 관한 관심이야 어제오늘 일이 아니지만 "나도 나를 잘 모르겠어"라는 말처럼 우린 자신의 성격조차 모를 때가 많다. 그러고 보면 나도 모를 내 성격과 전혀 모를 상대의 성격이 맞는다는 건 참 어려운 일이다. 그래서 세상엔 좋은 사람, 나쁜 사람이 있는 게 아니라 나와 '맞는 사람'과 '맞지 않은 사람'이 있는지도 모르겠다. 나와 맞는 사람을 만나면 더없이 좋겠지만 그럴 확률은 높지 않다. 성격은 지문만큼 다르므로.

그런데 이미 만난 사람이라면 어떻게 할까? 이경 씨와 준수 씨, 민석 씨와 혜경 씨처럼 평생 함께할 사람인데 달라도 너무 다른 성격을 알아차렸으면 어떻게 극복해야 할까. 서로의 성격을 못마땅해하고 고치고 싶어한다면 과연 고칠 수 있을까.

성격은 바뀌기 어렵거니와 바꾸어 놓는 건 불가능하다. 그런데도 연인이 되고 부부가 되면 서로의 성격을 고치고 싶어 한다. 예민한 성격이 거슬리고, 둔감한 성격이 못마땅하고, 무계획이 한심해 보이고, 계획적인 게 숨막히다며 상대의 성격을 이상하게 여긴다. 그래도 잘 살려면 '고쳐봐야지' 하며 노력한다. 그러다 바뀌지 않는 상대를 보며 절망스럽게 외친다. "사람 고쳐 쓰는 거 아니라더니!"

상대방 성격을 고치려는 노력이 아니라 이해하는 방향으로 가면 대화와 소통은 물론이고 인생이 즐거워지는 걸 모르는 사람이 있을까. 그런데도 우린 자꾸 상대방의 성격을 고치려 든다.

1. 내 맘에 안 들어서
2. '저 부분만 고치면 더 좋겠는데' 하는 마음에서
3. 고쳐서 서로 잘 맞으면 잘 살 수 있다는 확신에서

잘 지내고 싶은 마음에서 상대방의 성격을 고치고 싶은 것이지만 모순적이게도 이런 노력을 할수록 서로의 성격에 지치고 멀어진다. 잘 지내려면 상대가 가진 '많은' 장점과 강점을 부각시켜야 하는데, 더 좋아지기 위해서 '한두 가지' 단점과 약점을 자꾸 들춰내니 그렇다. 서로에게 위축되고 지치며 좋아지기는커녕 멀어지고 악화된다.

나와 다른 한두 가지 성격적 다름을 이해 못하면 "너는 틀리다" "네가 맘에 안 들어" 식으로 말하기 쉽다. 사사건건 성격적으로 부딪히니 조율할 기회도 놓친다. 달라도 너무 다른 두 사람이 잘 살려면 그 사람의 성격을 비난하고 성격을 바꾸려는 노력을 멈추면 된다. 다음 대화는 어떤가.

여자 : 왜 일어나고 그래? 내 말 아직 안 끝났잖아!

남자 : 좀 이따가. 나중에 얘기하자.

여자 : 이따가 언제? 그래놓고 한 번도 제대로 말한 적 없잖아. 사람이 왜 그래?

남자 : 아, 참 피곤하게 하네.

여자 : 뭐가 피곤하게 해? 당신이야말로 잘못된 거 아냐? 말 들어주는 게 뭐가 어려워서 매번 피하는 거냐구.

남자 : 이따 얘기하자고 했잖아.

여자는 자신의 말을 들어주는 것이 중요한 성격유형이라면, 남자는 시간을 갖고 생각을 정리하고 싶은 유형이다. 성격이 다를 뿐인데 대화는 서로 상대가 틀렸음을 꼬집는 것으로 흐른다. 표면적으로는 심한 말다툼은 없어 보이지만 성격에 대해 비난의 뉘앙스가 짙은 말을 하고 있는 것이다. 남자의 "피곤하게 하네"라는 말, 여자의 "사람이 왜 그래?"라는 말에도 성격 비난이 들어가 있고, 상대를 바꾸고 싶은 욕구가 내포되어 있다.

대화가 되려면 성격의 다름이 아니라 성격 인정을 전제로 해야 한다. 무엇보다 성격을 인정하면 상대를 바꿀 이유가 없어지므로 마음이 편안해진다. 어떤 경우가 대화가 잘 될지 우리는 알고 있다.

이경 씨와 준수 씨의 경우에 적용해보면 더 확실해진다. 예민함을 섬세함으로, 두루뭉술하다는 걱정을 까다롭지 않고 이해심 많은 성격으로 이해하면 대화가 달라질 것이다. 민석 씨와 혜경 씨의 경우엔 서로가 잘하는 걸 계발하면 된다. 계획적인 성격의 사람은 계획이 장점이고, 무계획적인 사람은 즉흥적이고 창의적인 게 장점일 수 있다.

좋은 성격도 나쁜 성격도 없다는 것, 성격마다 기발한 장점과 강점이 있다는 것을 우리는 안다. 그러므로 달라도 너무 다른 상대의 성격에 대해 왜 그러느냐고 따지지 않을 것. 그 사람다운 면, 그게 성격이라면 성격을 바꾸려고 하는 건 그 사람을 통째로 부정하는 것이다. 성격이 달라도 너무 다른 건 당연하다. 내 맘 같지 않은 세상이라는 말도 있다. 내 맘(성격) 같지 않다고 원망하면 '틀림'이 되지만 '다름'을 인정하면 차이가 좁혀진다.

서로 다른 성격 내세우며 끝장 토론하면 끝장날 위험이 있지만, 달라도 너무 다른 두 성격을 인정하며 강점을 살린다면 끝내주게 잘 살 수 있지 않을까.

듣기 싫은 아내 잔소리 1위는 "여보!"

A : 그럼 우린 부르지도 못해?

B : 아예 부르지도 말고 살아야 하나 봐. 차라리 어이, 이봐, 하고 부를까?

C : 그러면서 왜 같이 살아?

세 여자의 남자 이야기가 펼쳐진다. 주제를 관통하는 건 아내로서의 억울함이었다. 이야기는 가볍게 웃으며 시작됐지만 시간이 지나면서 아내들의 목소리에 부정적 감정이 묻어났다. 세 아내는 이제부터는 남편을 부를 때 "여보"라고 부르지도 말자고 한다.

어느 예능 프로그램에서 듣기 싫은 아내의 잔소리 1위가 "여보!"라고 나왔다. 출연자가 실감나게 재연한 '여보'라는 말에 공포의 공감 99.9%였다고. 100%까지 안 간 건 0.01%는 '아내 말 들어 나쁠 거 없다' '아내 말 들어 덕 본 케이스의 남편'이 있어서였을 것. 내 주변에도 '아내 말 들으면 다 된다'고 믿는 남편들이 여럿 있다. 살기 편하려면 아내 말 듣는 건 기본이라는 걸 아는, 뭐 좀 아는 남자다.

각설하고 '여보'라는 말만 들으면 경기 일으키는 남자들에 관한 이야기로 돌아가 세 아내의 이야기를 더 들어보자.

A : 여보, 라고 부르면 왜 부를까, 궁금해야 하는 거 아냐?

B : 그러게. 예상치 않은 잔소리가 나올까 봐 겁나나?

C : 아무리 그래도 그렇지. 다정하게 불러도 여보가 잔소리로 들린다? 말하다 보니 화나네.

B : 그럼 부르지도 말고 단도직입적으로 '분리수거 해!' 할걸, 괜히 다정하게 불렀네.

C : 우리 아들, 사춘기잖아. 애가 자기 이름만 불러도 아, 왜요!! 하고 짜증이거든. 남편이랑 사춘기 애랑 똑같은 심리? 자기들이 애야, 사춘기야!

A : 맞아. 우리 남편도 내가 부르면 '아, 뭔데 또!' 그러더라니. 여보가 제일 듣기 싫은 잔소리였던 거였네. 그런 소리 안 들으려면 아예 산속에 들어가 '나는 자연인' 하라고 해야지 뭐.

B : 그래 그거야. 남자들 로망이 '나는 자연인이다'래.

A : 그래? 억울하다. 동상이몽이 우리 현실이라니. 우리 여자들은

뭉쳐야 산다인데, 남자들은 깊은 산속에서 혼자 살 궁리만 하니 뭐가 되겠어?

세 아내의 중계방송은 여기까지만 한다. 이제부터 내 얘기를 하고 싶어서다. 여보, 부르면 경기(驚氣)를 일으키는 남자와 다정하게 부르면 좋다고 생각하는 여자. 같은 언어권인데도 공감대는 커녕 동상이몽인 이유가 있을 거다. 여보, 라는 호칭을 들었을 때 뒤이어 나온 아내의 말이 경기를 일으키는 발단일 수 있다. 몇 년에서 몇 십 년 누적된 경험상 '여보'를 부른 후 좋은 말을 들은 적이 없었던 남편들의 뇌에는 이렇게 각인되어 있는 것이다.

1. 남편이 듣기 싫은 말을 함
2. 남편이 하기 싫은 일만 시킴
3. 남편의 현재 즐거움(TV, 유튜브 시청, 게임 등)을 중단시킴

이런 이유라면 자신을 부르는 소리가 좋을 리가 없다. 남편 관점에서는 아내가 '여보'를 부른 후 하는 말은 첫째, 자기 결정권이 거의 없는 일이고 둘째, 선택할 여지 없이 하기 싫은 일만 골라 시키는 등 자신을 불렀을 때 좋은 일이 없었던 것이다.

그동안 호칭을 부르자고 강조한 호칭 예찬론자인 나로서는 진지하게 접근할 사건이었다. 호칭이 주는 '객관적인 느낌'과 호칭이 주는 '주관적인 느낌'의 차이는 바로 '경험의 차이'라는 것도

확인하게 되었다. 호칭 후에 들은 말이 경험치가 되어 자신을 부르기만 해도 경기를 일으킨 이유였던 것.

인간의 심리 기제 중 방어기제가 있다. 공격이 들어오면 살기 위해 본능적으로 방어하는 것을 말한다. 여보, 라는 말에 이어 들었던 '지적, 잔소리, 명령'이 언어적 공격으로 느껴지는 동시에 방어기제가 생기므로 이런 부정적인 반응이 자동으로 나오는 것이다.

"아, 왜? 뭔데?"

남편의 대답이 일종의 생존 본능에서 나온 방어기제라면 아내는 남편의 이런 대답에 또 다른 방어기제가 가동된다. 대답 한마디에 그동안 억압된 심리가 폭발하거나 상대 탓하며 말다툼으로 진행되는 것이다.

아내 : 뭐가 뭔데야? 제대로 좀 대답해. 좋은 마음으로 불렀다가도 정말.

남편 : 불렀으면 말을 해. 시비 걸지 말고.

남편은 남편대로 불러놓고 시비 거는 아내가 이상하다. 아내는 아내대로 좋은 마음으로 불렀는데 돌아오는 남편의 엉뚱한 반응에 뾰족해진다.

자신을 부르는 아내의 "여보"라는 호칭이 반갑다면. 혹은 자신을 부르는 호칭이 달갑지 않다면, 이 2가지의 가정에 자문자답해보자. 김춘수 시인의 시에 따르면, 부르는 순간 우리는 누군가의 꽃이 되고 의미가 된다. 그러면 아내가 "여보"라고 부르는 순간 서로에게 소중한 의미가 되어주는 게 바로 대답 한마디다. 반응이 아주 약간만 다르면 부부의 품격이 달라지는 것이다. 다음 솔루션은 어떤가.

솔루션 1, 그동안에 누적된 부정적 기억은 날려버려라

솔루션 2, 최대한 다정한 목소리로 대답하라

솔루션 1, 2를 종합한 대답의 예시를 입 밖으로 소리 내어 보면 이 짧은 대답이 얼마나 중요한지 느낄 것 같다.

"(아내에게 가까이 가며) 응, 여보. 불렀어?"

멀어지는 대화, 원수 되는 대화를 하는 사람이 있고, 다가가는 대화를 하는 사람이 있단다. 대답 한마디가 갈림길이다. 원수같이 살 것인가, 다정한 부부로 살 것인가. 다음의 가상 시나리오를 보면 현명한 결정에 도움이 될 것 같다.

아내 : 여보.

남편 : 그렇게 좀 부르지 마. 무서워. 부르지 말고 그냥 말해.

아내 : 뭐야? 내가 무슨 말 할 줄 알고!

남편 : 뭐 시킬 거잖아. 말해. 그냥.

아내 : 내가 뭘 시켜?

남편 : 그럼 잔소리할 타이밍?

아내 : 뭐니? 됐네. 저녁에 두루치기 어떠냐고 물어보는 건데.

남편 : …

우린 상대방의 의도를 모른다. 백 번의 경험상 다 안다고 생각하는 선택적 오류도 한다. 과민반응을 보이거나 방어적 자세를 취하면 상대도 무장하기 마련이다. 어떤 아내든 남편을 공격하고 싶지 않다. 설령 아내가 나를 공격(한다고 생각)할 때도 무장해제하는 게 낫다. 어차피 아내가 들고 있는 무기라 해봤자 '말'이다. 말 정도라면 받아주면 어떤가. 칼보다 무서운 게 펜이고, 펜보다 무서운 게 말이지만 분명한 건 아내와 나는 같은 편이다. 같은 편끼리는 공격하지 않는다. 그러므로 아내의 어떤 말도 공격이 아니다. 죽자고 하는 말이 아니라 잘 살자고 하는 말이다.

경험상 지적, 잔소리, 명령 등이 있었다더라도 자발적으로 일어나는 자동사고(automatic thinking)를 얼른 털어내고 의식적으로 노력해보자. 일단 아내를 사랑스럽게 쳐다보며 대답부터 하는 것이다.

"응, 여보. 나 불렀어?"

당신은 노후에 홀로 산속으로 들어가 살고 싶은 남자와는 다른 품격으로 살 것이다. 반려자와 함께 내 집에서 행복하게 살고 있을 테니까. 이런 행복한 미래가 여보를 부를 때 당신의 대답 한마디에 달려 있다면 과장일까.

사랑을 굳이 말로 표현할 필요가 있을까?

모내기를 하고 한 달여 동안 농부들이 가장 신경 쓰는 일이 '물꼬'다. 논에 물을 대는 것이 한해 농사를 가름하기 때문이다. 오죽하면 '내 논에 물 대기' 아전인수(我田引水)라는 말까지 있을까. 논에 물을 대고 적당한 때에 물빼기도 해야 한다. 이 역할을 하는 게 물꼬다. 물을 대든 물을 빼든 물꼬가 중요하다.

대화와 소통에서 자주 쓰이는 말이 바로 '물꼬'와 '마중물'이다. 마중물은 물을 끌어올리기 위해 펌프에 붓는 한두 바가지의 물을 말한다. 마중물 한 바가지에 말라 있던 펌프는 우물물을 끌어올린다. 마중물을 붓지 않으면 아무리 펌프질을 해도 물을 끌어올리지 못하는 것이다. 물 한 바가지의 힘은 그토록 놀랍다.

대화와 소통도 마찬가지다. 아무리 수많은 어휘와 말재주가 있어도 소통을 풍요롭게 하려면 대화의 물꼬를 트는 게 중요하다. 그리고 마중물을 부어주어야 대화의 샘물이 솟듯 상대의 마음이 열린다.

사랑한다면 그 사랑을 보여주어야 한다고 말하는 나는 "사랑한다"는 말이 바로 '물꼬'라고 비유한다. 풍요로운 결실을 맺으려면 물꼬 관리를 해야 하듯 사랑의 결실은 '표현'으로 가능하다는 생각에서다. 물을 길어 올리기 위해서 마중물이 필요하다면 사랑을 샘솟게 하는 마중물이 바로 "사랑해"라는 표현이다. 내가 사랑하는 것만큼 상대가 사랑을 느끼게 하는 것이 중요하다. 사랑한다는 말은 사랑을 키우고 가꾸는 물꼬가 되고, 사랑을 길어 올리는 마중물이 된다.

사랑은 '마음'이지만 마음을 전달하는 것이 '말'이다. 마음속의 사랑은 '보여주어야' 상대가 그 사랑을 확인할 수 있다. '사랑하는 것은 사랑을 받느니보다 행복'하다는 청마 유치환의 〈행복〉에 나오는 시구처럼 사랑하는 것은 행복의 극치다. 이 행복을 더 크게 하는 것이 사랑한다는 표현이다. "꼭 말로 해야 아나요?"라고 묻는다면, 그렇다. 말로 표현하기 전까지는 길어 올리지 못한 샘물인 것이다. 내 여자가 "나 사랑해?"라고 묻는다면 당신은 어떻게 대답하는 유형인가.

A : 뭘 그런 걸 물어봐.

B : 그럼. 당연하지.

C : (어색해서 혹은 뭐라 대답할지 몰라서 무응답)

A, B, C 모두 물어본 사람이 원하는 답이 아니다. 당신이 쑥스러워하는 성격이든 무뚝뚝한 성격이든 말을 아끼는 성격이든 내 여자를 사랑한다면 사랑한다고 말하라. A, B, C 중에서 B의 대답이 그래도 근사치에 해당하는 대답이라고 생각했다면 완성도를 높여주는 말은 이렇다.

"그럼. 당연하지. 내가 당신을 얼마나 사랑하는데. 사랑해."

만약 이런 표현이 어렵다면 다른 방법도 있다. 평소에 사랑을 흠뻑 느끼게 해 주는 4가지 방법이다. 1. 알아주고 2. 칭찬하고 3. 감탄하고 4. 격려하는 것이다.

첫째, 알아줘라.

백아와 종자기 일화만 봐도 안다. 인간은 자기를 인정하고 알아주길 바란다. 내 여자가 당신 앞에 있으면 자부심을 느끼도록 존재감을 크게 해줘라. 자신을 작게 만드는 사람과 함께하고 싶은 사람은 없다. 알아주고 또 알아줘라.

둘째, 칭찬해라.

자존감 상승에 이만한 게 없다. 칭찬은 찾아서라도 해야 하고, 그 순간 해야 한다. 칭찬할 땐 "잘했어, 수고했어"라는 상하식 격려사가 아니라 "우와, 최곤데!!" 등 기쁜 마음으로 해야 한다.

셋째, 감탄사를 날려라.

오~, 와우, 우아, 와아, 원더풀 등 틈만 나면 감탄하고 감탄사를 날려보자. 감탄사는 상대를 기쁘게 하고 다가오게 만든다. 그 순간 미소를 자아내게 한다.

넷째, 격려해라.

잘한다 못한다 옳다 그르다가 아니다. 기다려주고, 못하면 할 수 있게 함께해주는 거다. 잘할 때는 그냥 지나치고 못할 때만 지적한다면 여자에게든 남자에게든 환영받지 못한다. 특히 '내 여자'에겐 평가의 말은 금기다. 사랑하는 동등한 사이에 평가란 '비난'과 다름없기 때문이다.

자신이 '(사랑 표현 못하는)상남자'라고 생각한다면 이 4가지는 더욱 필수다. 상남자로서의 굵은 선과 섬세함까지도 갖출 수 있다.

'마음만 있으면 되지' 시대는 지났다. 연습해보자. 만약 "당신 나 사랑해?"라고 묻는다면 "그럼 사랑하지. 사랑해, 자기야"라고. 더 좋은 건 '내 여자'가 '이 사람이 날 사랑하나?'라는 의문을 갖지 않게 하는 거다. 묻기 전에 말해주어 알게 해야 한다. 사랑에 목마른 사람이 사랑하냐고 묻는 법이다. 평소에 많이 표현해서 사랑을 흠뻑 느끼게 하는 사람이 상대를 진짜 사랑하는 사람이다. 마음속 깊은 곳에 사랑을 감춰둘 이유가 있는가. 보이고 또 보여주어 사랑을 흠뻑 느끼게 하는 것이 중요하다.

"잠자리에서는 사랑한다고 하는데 다른 때는 내가 물어봐도 '뭘 그런 걸 물어봐' 그래요. 진짜 속마음을 모르겠어요" 하는 상담을 받은 적이 있다. 나는 그 마음의 절절함을 안다. 그깟 사랑 표현이 아니다. 누군가에게는 진심으로 그 말을 듣고 싶은 게 평생 소원일 수도 있다. 사랑하는 사람의 마음을 확인하고 싶은 것이다. 사랑한다는 말이 입 밖으로 안 나온다면 칭찬, 인정, 표정, 몸짓, 맞장구, 추임새 등 온갖 표현 방법으로 더 많이 표현해야 한다. 사랑은 보여줘야 보인다.

사랑은 감정이지만 사랑 표현은 '감정적'으로 하는 게 아니라 '인격적'으로 하는 것이다. 내 맘(사랑)보다 상대가 느낄 마음을 먼저 배려하는 표현이라서 그렇다.

"자기야, 사랑해."

이건 기본 표현이다. 이 말에 사랑을 더 크게 느끼게 하는 수식어가 있다면 총동원해서 표현하면 좋을 것이다. 사랑은 굳이 말로 표현해야 한다. 이 표현이 사랑의 물꼬를 트고 사랑을 끌어올리는 마중물이 되어 당신의 행복을 더 풍요롭게 할 것이다.

당신이 쓰고 있는 단어가 혹시 시대착오적인가. 말로 상처를 받으면 상대가 당신의 말을 믿지 못하게 된다. 말 한마디로 믿음이 두터워질 수도 있고, 신뢰를 잃을 수도 있다. 해서는 안 되는 말이 있지만, 안 하면 안 되는 말도 있다. "사랑해, 고마워"라는 말은 들을수록 좋다. 상대에게 관심을 보이며 진지한 느낌으로 말해야 관계의 디테일이 완성된다. 속 시원하도록 표현하자. 듣기만 해도 좋은 말은 말하는 사람도 좋다.

4장

듣기만 해도 좋은 말

“자기한테 정말 잘 어울리는데!”

시대를 담은 용어를 사용하는 남자

A : 폐경 되니까 살이 쪘어.

B : 편하긴 한데 좀 허전하기도 하네. 폐경이 되니까 부부 관계도 귀찮고 힘들어.

A : 난 너무 편하고 좋아. 여자라서 평생 겪는 불편함을 누가 알겠어. 내가 생리를 좀 길게 했잖아. 5일 이상했으니까. 그땐 내 기분이 기분이 아니었던 거지.

B : 넌 아직도 하지?

C : 나? 나도 폐경됐어. 근데 나는 폐경되니까 몇 달 좀 그렇더라. 내 여성성은 여기서 끝인가 싶고, 우울하기도 했어.

B : 그치, 월경이 젊음의 상징이었던 거잖아.

A : 근데, 우리 남편, 공감 능력 없는 거 티 내더라. 내가 폐경되니까 살도 찌고 우울하기도 하고 좀 시원섭섭하다고 하니까 뭐랬는 줄 아니?

B, C : …

A : '왜? 좋잖아. 그렇게 귀찮고 힘들다며! 잘된 거지 뭐.' 그러더라구.

B : 그래야지 뭐. 좋게 생각해야지. 우린, 청춘 끝난 거 축하한다고 꽃다발 사오긴 했어. 청춘 끝났다는 말 안 하고 꽃 주면 오죽 좋았을까. 말을 해도 꼭 반은 제 살 깎지 뭐니.

C : 어머, 축하 꽃다발. 좋았겠네. 우리는 축하파티 했는데.

A, B : 축하파티?

폐경(閉經), 사전적 의미로 보면 여성의 월경이 없어짐이다. 여자라면 한창 월경이 진행되는 경우든 폐경을 한 경우든 A, B, C의 말에 공감이 될 것 같다. 월경이 젊음의 상징이기도 하지만 이 정기적인 행사를 30, 40년 동안 그것도 매월, 며칠 동안이나 치른 걸 생각하면 폐경된 게 홀가분하다는 말로는 부족할 듯하다.

생리하는 동안 월차를 낼 만큼 몸이 아프고, 만사 귀찮고, 신경이 예민해졌던 경험. 매직에 걸린다는 말처럼 일상 궤도에서 벗어날 정도의 변화가 오는 것이다. 그땐 솔직히 '빨리 폐경됐으면' 하는 생각을 한다. 하지만 정작 폐경기에 이르러서는 아쉽다. 생리를 안 해서 아쉬운 게 아니라 그만큼 나이를 먹었다는 것을 인정해야 하고, 월경 매직 대신 갱년기라는 또 다른 매직에 걸리기 때문이다. 시원섭섭이란 말이 이토록 맞는 경우가 있을까. 허전함과 섭섭함의 크기가 시원함 못지않게 크다.

시니어 수강생분들과 폐경 이야기를 나눈 적이 있다. 요즘은

'폐경'이 아니라 '완경'이란 용어를 쓴다는 것도 확인했다. 여성에서 엄마로 이어지던 인생의 전반기를 성공적으로 완수했다는 의미다. '누구의 누구'가 아닌 '나'라는 사람으로 살아가는 삶의 출발점인 것으로 해석하는 용어이기도 하다. 닫히다의 폐(閉) 대신에 완전하게 마치다의 완(完)을 넣어 완경이라는 용어로 쓰면 확실히 의미 차이가 난다.

"아무려면 어때? 그 말이 그 말이지"라고 한 남편의 말 때문에 싸웠다는 아내도 있었다. "뭐가 그 말이 그 말이야? 하여튼 당신은 뭘 몰라. 아들아, 넌 저런 남자 되지 마라" 하며 말이다. 아들까지 끌고 들어간 건 좀 치사했지만 맞는 말 아니냐고 하자 여기저기서 동감이라고 했다. 그러면서 남편들의 말습관이 봇물처럼 터져나왔다.

"사람이 나이를 먹으면 좀 더 사려가 깊어야 하는데 아무 생각 없이 말하는 습관대로 하니 섭섭할 때가 한두 번이 아니에요."

"완경이나 폐경이나 그 말이 그 말인데 너무 여자 쪽으로 해석한다나. 요즘은 여혐이니 남혐이니 하면서 여자들이 피해의식이 많다나. 뜻만 통하면 된다나 어쨌다나."

이뿐 아니다. 아내를 위로한다고 하는 말이 별 위로가 안 되는 경우도 많았다.

"그렇게 불편했던 게 끝났으니 좀 좋아?"

"잘된 거지 뭐가 섭섭해. 나도 당신 월경 짜증 안 받아줘도 되니까 속이 시원하구만."

당신은 아내가 폐경기를 맞는다면 어떤 말을 해주겠는가. 아내가 "월경을 안 하니 살도 찌고, 허전하기도 하다"고 하면 어떻게 반응하면 좋을까. 조금만 생각해봐도 아내의 생리는 여간한 일이 아니었다. 인생의 청춘을 함께한 월경을 떠나보낸 아내의 마음을 알아주는 남편이라면 좋겠다. 아내를 안으며 이런 말을 해주면 어떨까.

"요즘은 완경이라고 한다면서? 여보, 그 말이 맞아. 당신이 임무를 멋지게 완수한 거지."

"여보, 축하해. 당신이 있어 우리 아이들이 있고, 당신이 있어 우리 가족이 있어."

남편이 축하파티를 해주었다는 아내는 남편과의 완경 세리머니 멘트를 전해주었다. 응용해봐도 좋을 것 같아 소개한다.

부부는 와인 잔을 부딪히며 말했단다.

"우리의 아름다운 성생활을 위하여."

이 말을 들은 우리는 이구동성으로 동의했었다.

"완경, 좋은 거네. 임신 걱정 안 하고 편하고 자유로운 섹스를 할 수 있잖아."

완경이라는 말을 기억하자. 월경이 완료되고 임무를 완수했다는 뜻의 완경과 끝나고 닫혔다는 뜻의 폐경과는 사뭇 다르지 않은가. 아내를 존중하는 단어를 골라서 말하는 것이 좋은 말습관이다. 한 여자의 남자, 아내의 남편으로서는 완경에 대해 어떻게 말해주는 게 좋은지 골라서 말하자는 것이다.

남자인 동시에 남편, 남자인 동시에 아버지는 그냥 남자가 아니다. 남자, 남편, 아빠라는 3가지 정체성에 알맞게 말하면 좋겠다. 전문적으로 말하자면 '상황에 맞게 시의적절하게 말하는' 것이다. 젠더 감수성, 성평등 의식이 있는 용어를 사용하거나 시대적인 용어의 변화도 놓치지 않는다면 금상첨화다. 말은 생각과 영혼을 담는 그릇이므로 어떻게 말하느냐에 따라 그 사람의 속이 보이고 인격이 보인다.

이쯤에서 '성평등 언어 사전'을 살펴보는 것도 의미가 있겠다. 유모차는 유아차, 효자상품은 인기상품, 학부형은 학부모, 편부편모는 한부모, 친가는 아버지 본가, 외가는 어머니 본가다. 세상이 달라지면서 용어도 달라진다. 처녀작이 아니라 '첫 작품'이다. 말에는 시대의식과 정신이 담겨있다.

혹여 성차별, 소수자 차별이 똬리를 틀고 있는 용어라면 신중하게 선별해서 사용하는 것은 물론이다. 우리의 아들딸들이 사랑하고, 연애하고, 결혼하길 바란다면 아빠의 언어부터 달라야 한다. 아빠의 말 한마디에서 성평등이 느껴지고 아빠가 시대에 맞는 언어를 사용한다면 여혐, 남혐이라는 말로 우리의 귀한 딸아들이 서로를 겨누며 싸울 일도 사라지게 될 것이다.

아내의 폐경을 완경으로 부르는 것도 이런 출발점이다. 여자가 완경을 맞이할 즈음엔 남자도 갱년기다. 서로 축하해주면 좋겠다. 부부 인연을 맺어 50주년 금혼식, 75주년 금강석혼식 축하파티를 하면 좋겠지만 결혼 시기가 늦어진 만큼 그때까지 기다리기엔 멀다. 완경식, 갱년기식으로 세리머니를 하며 한껏 축하해주는 말을 해보자. 수고했다고, 잘했다고, 지금부터 진짜 우리 시간이라고, 행복하자고.

아무튼 그건 사랑이 아냐!

"결혼을 해? 말아?"

결혼을 앞둔 H는 몇 주째 갈피를 잡을 수 없었다. 웨딩 촬영도 마쳤고 결혼식장도 예약한 건 물론이고 살 집까지 다 준비된 상태인데 이런 고민을 하다니, 자신이 생각하기에도 말이 안 되는 걸 알기에 엄마와도 의논하지 못했다.

H는 인간은 절대 안 바뀐다는 말이 자신에게는 해당되지 않을 거라고 생각했다. 변한다는 믿음을 가지면 변한다는 이론도 있지 않은가. 그런데 점점 수렁으로 빠지는 느낌에 자신의 힘으로 고민의 늪에서 빠져나갈 수 없을 것 같았다. 아빠와의 의논은 애초에 꿈도 못 꾼다.

"다 그런 거지. 뭘 그렇게 까다롭게 구냐"고 할 게 뻔하기 때문이었다. 아니다. 더 아픈 말을 아무렇지도 않게 할 아빠다. "그럼 그렇지. 네가 하는 일이 그렇지 뭐"라는 말도 들리는 듯했다. 어려서부터 가장 많이 들었던 말이다. H는 그런 아빠에게 보란 듯 결혼을 잘하는 것으로 복수하고 싶었다. 아빠에게 자신의 진가를 제대로 보여주고 싶었다. 그런데 이 결혼은 아니라는 생각이 점점 더 강하게 들었다.

H는 오빠에게 치여서 한 번도 인정받지 못했던 그동안의 모든 설움을 결혼 한 방으로 종식시키고 싶었다. 그만큼 남편 될 사람의 조건은 집안, 재력, 직업에 이르기까지 완벽했다. H 일이라면 사사건건 못마땅해하던 아빠도 아무 트집을 잡지 못할 정도였다.

사실 H는 남자와 만날수록 뭔가 석연치 않은 느낌이 들었었다. 뭐라 딱히 꼬집어 말할 수 없지만 불쾌한 무엇이었다. 몇 번의 만남은 완벽한 것 같았다. 좋은 차, 럭셔리 레스토랑, '고급진 것이 바로 이런 거구나'를 경험하며 신세계를 보는 듯했다. 그런데 그런 신세계에 등장하는 사람의 환경을 보느라 정작 결혼할 남자 자체는 못 봤던 것 같다. 막연하게 이건 아니라는 것을 구체적으로 깨닫게 된 것은 결혼 준비가 본격적으로 진행되면서였다.

웨딩링을 사러 가서 일이다. 명품숍에서 극진한 대접을 받으며 반지를 고르는데 그는 고르는 반지마다 딴지를 걸었다.

"그 반지는 손가락이 희고 긴 사람한테나 어울리는 거 아냐?"

"오빠, 내 손가락은 피아니스트답게 길고 우아하다는 말 들었는데?"

몇 번까지는 H도 기죽지 않고 당당하게 말했다. 숍의 매니저는 '신부님 손이 너무도 예쁘셔서 우리 제품이 더 빛난다'고 하건만 정작 그는 까탈을 부리고 있었다. 나는 웬만한 건 성에 차지 않는 수준 높은 사람이야, 하듯. 언제나처럼 '까탈은 곧 높은 수준'이라는 착각에 빠진 그다웠다. 그는 H가 고르는 제품마다 이렇게 결론 내렸다.

"아무튼 그건 아냐."

그렇잖아도 H가 그와 만나면 가장 거슬리고 싫은 말이 "아무튼"이었다. 그는 anyway 또는 아무튼이라는 말을 즐겨 썼다. 물론 그 단어 자체는 문제가 아니었다. 문제는 그가 이 단어를 사용할 때의 태도다. H가 옳은 의견을 내도, 자신이 불리할 때면 모든 상황을 자신의 편으로 이끌겠다는 태도로 이 말을 사용했다. 더 큰 문제는 H에게 이 말은 '그만해'로 들리거나 심할 땐 '입 닫아'로 들렸다는 것이다. 그 정도로 그는 독불장군의 태도를 아무튼이라는 말로 일축시켰다. H에게 이 말은 날이 갈수록 거슬리고 폐부를 찌르듯 아프게 느껴졌다. 그래도 '100점짜리가 어딨어'라며 그 정도는 그가 가진 유일한 단점이라고 합리화시키며 지금까지 버텨왔다. 아빠를 만족시킬 결혼 상대는 그가 유일했던 것이다. H의 속은 타들어가고 상처는 곪아가고 있었다.

그러다 터질 일이 터지고 말았다. 그날은 웨딩드레스를 고르는 날이었다. 유학 귀국 공연을 할 때도 이 정도로 공들여 메이크업

한 적이 없을 정도로 정성 들여 메이크업과 헤어를 완벽히 한 H는 그래도 기대했었다. 그가 보통의 신랑처럼 "오!! 우리 자기 최고"라는 말을 하진 않더라도 "예쁘네" 정도는 할 것이라고. 명색이 세상에서 가장 아름다운 옷, 웨딩드레스를 예비 신부가 입는 것 아닌가. 하지만 한껏 고른 우아한 드레스를 입고 나온 H에게 그가 보인 반응은 "다른 거 없어?"였다.

순식간에 피가 아래로 쏠리는 느낌에 휘청거렸고 그 순간 떠오른 단어가 파혼이었다. 하지만 동시에 아빠의 얼굴이 떠올랐다. "거 봐라, 네가 하는 일이 그렇지 뭐"라는 아빠의 말도 데자뷰처럼 겹쳐졌다. H가 실수라도 하면 실수를 기다렸다는 듯 "거 봐라" 하던 아빠. 그 말이 떠오르자 H는 '파혼'이라는 단어를 털어내곤 두 번째 웨딩드레스를 입고 나왔다. 그리고 다시 세 번째 드레스…. H는 네 번째 웨딩드레스 입기를 포기했다. 더이상 입어볼 이유가 없었다.

H도 안다. 그의 말대로 그는 그 방식으로 H를 사랑한다는 것. 그깟 말투가 뭐 대수란 말인가. 그래서 H도 이런 희망의 끈을 놓지 않았었다.

'살면서 가르치고 부탁도 하고 맞추면서 살면 되지. 처음부터 잘 맞는 사람이 어딨어. 내가 많이 사랑하며 노력하면 되지.' '성격 차이? 대화? 그깟 것쯤 극복하면 되지 뭐.'

이런 회유와 강경함으로 자신을 달래기도 하고 꾸짖기도 하면서. 그런데 할 수 있는 일이 있고, 할 수 없는 일이 있다는 걸 그날 확실히 깨달았다.

"그가 서서히 변할 때까지 버틸 에너지가 제겐 없다는 걸 알게 되었어요. 그동안 버티느라 제 에너지가 다 소진되어서 번아웃이 된 거죠. 그에게는 그에 맞는 여자가 있을 거예요. 저는 그러기에는 말에 상처를 잘 받는 타입이에요. 아빠한테 평생 말 상처 받았잖아요. 당분간은 피아노와 연애하며 피아노가 들려주는 말로 상처를 치유하려구요. 그렇게 생각하며 연주하니까 진짜 영혼 있는 연주를 한다는 느낌이 들어요. 이러다 명망 있는 피아니스트가 되는 거 아닐까요?"

아빠의 말 상처를 피해 위험천만한 결혼을 강행하는 K-딸들이 있다면 꼭 들려주라는 부탁을 하며 H는 말했다.

"상대 말을 받아들이지 않고 내치는 습관을 가진 사람이라면 꼼꼼히 살펴봐야 해요. 만약 사랑한다고 해도 그 말조차 믿을 게 못되는 거 같아요. 그 사랑도 자기만의 독선일 테니까요."

나도 동감이다. 사랑은 상대의 말을 귀담아들어주고 마음을 받아들이는 것이므로. "아무튼 그건 아냐"라는 말은 억누르고 내치는 말이므로. 그건 아무튼 사랑은 아닐 것이다.

자존심 내세우지 않고 자존감 세우는 남자

출근 전 남편이 저에게 물건을 치우라고 던졌습니다. 너무 화가 났지만 마음을 다잡고 누그러뜨렸습니다. 신랑은 제가 기분 나쁜 걸 몰랐던 것인지 하늘이 이쁘다며 사진을 보내왔더라구요. 그때 저는 신랑에게 "맑은 하늘이 보일 만큼 마음의 여유가 없어. 나한테 물건 던진 거 진심으로 사과했으면 좋겠어"라고 답장을 보냈고, "미안해, 사과할게. 근데 계속 위험하게 보이는데 왜 안 치우지 하는 생각에 그랬네. 잘못했어"라고 답장이 왔습니다. 저는 제 속마음을 한 번 더 표현했습니다.

"그래요. 충격이 없어지진 않지만 사과했으니 (중략) 아이한테도 물건 던지지 말라고 훈육하던 여보 아니었나. 다음번에 그 어떤 거라도 던지지 않았으면 좋겠어. 나를 얼마나 만만하게 봤으면 그런 행동을 할까라는 생각이 들지 않게 말이야"라고 답장을 보냈는데 그 후 신랑이 말도 안 하고 냉랭하네요.

저는 계속 말을 거는데 단답형으로만 말하고 시큰둥합니다. 카톡을 보내도 답도 안 하고 집에서 저녁밥도 안 먹구요. 전 평소에 불만을 잘 얘기하지도 않고 바가지 긁는 스타일이 아닙니다. 하지만 저에게 물건 던진 건 용납할 수 없기에 화가 났고 제 화난 마음을 표현한 건데 오히려 냉랭한 신랑의 태도를 보니 이해가 안 됩니다. 혼자 화가 풀릴 때까지 가만히 둬야 할까요. 참고로 남편은 자존심이 엄청 강한 스타일입니다. 어떻게 이 상황을 슬기롭게 이겨내야 하는지 도움받고 싶습니다. 한번 화나거나 하면 일주일은 가네요.

– 아내의 상담 중에서

아내는 이런 남자에게 계속 맞춰주며 살아야 하나 고민된다고 했다. 자신이 잘못하고 오히려 자존심만 내세우는 남편에게 서운한 나머지 심각한 생각까지 하게 된다며 상담 요청을 해온 것이다. 하지만 남편이 왜 그렇게 냉랭했는지 하나하나 짚다 보니 어느새 우리의 상담이 끝났다. '이대로 살아야 하나, 끝내야 하나'라는 고민에 빠져 있던 것에 비하면 아주 빠르게 솔루션을 찾은 셈이었다.

아내는 남편이 이해되면서 마음이 편안해졌다고 했다. 자신이 잘못하고도 오히려 삐쳐있는 남편, 매번 그런 남편을 풀어줘야 하는 아내로서 지쳤었는데 관점을 바꾸어 생각하니 남편이 이해되었다는 것이다. 아내가 이해한 내용은 3가지였다.

1. 남편은 하늘 사진을 보내는 것으로 이미 사과를 했구나

2. 그럼에도 자신이 재차 정식 사과를 요청했구나

3. 남편은 사과했음에도 계속 따지고 훈계하는 듯한 아내에게 화가 났구나

상담 요청하는 분들은 대개 전문가인 내가 답을 줄 거라 기대하지만 내가 솔루션을 준 적이 많지 않다. 대체로 그분들 스스로 답을 찾기 때문이다. 나의 역할은 '객관적'이 되도록 몇 가지 질문만 하는 정도다. 질문에 대답하다 보면 답이 보인단다. 일종의 '조망수용 능력(perspective taking ability)'처럼 자신을 조망하며 스스로 솔루션을 찾는 것이다.

자신을 벗어나 객관적으로 보면 주관적이었을 때는 분하고 억울했던 일도 '왜 그런 별 것 아닌 일로 그렇게 분노했지?' 하는 감정의 여유도 생긴다. 그런 과정을 거치며 아내는 남편을 이해한 것이다. 하지만 아내는 덧붙였다. 다음에도 이런 일이 생기면 이해하고 넘어갈 수 있을지는 모르겠다고.

나는 아내의 남편과 이 글을 통해 상담하고 싶다. 내 상담에서 좀 예외지만 오늘은 솔루션도 준비했다. 다음에는 이런 일이 안 생기도록, 만에 하나 생기더라도 잘 풀 수 있는 솔루션이며 자존감을 높이는 방법이기도 하다.

1단계: 실수하면 '얼른' 사과한다

2단계: 사과했음에도 상대가 재차 잘못을 들춰낸다면 자존심 내세우지 말고 '다시' 사과한다

3단계: 상대가 앞으로는 그러지 말라고 또 강조한다면 그러지 않겠다고 '또' 사과한다

더 나아지고 싶은 사이엔 '기대'라는 게 있다. 사과받고 싶은 아내는 남편에 대한 기대가 있는 것이다. 남편에게 사과조차 기대 안 한다면 이별을 생각하고 있거나 심리적으로 이미 결별한 상태다. 아내가 사과를 바라는 것은 남편을 사랑한다는 의미다. 아주 건강한 관계다. 이 관계를 유지하는 방법은 단순하다. 아내가 원할 때까지, 풀릴 때까지 사과하는 것이다. 사과는 실수나 잘못을 전제로 한다. 결자해지(結者解之)라는 말처럼 맺은 사람이 풀어야 하는 법이다. 피치 못할 실수였어도 마찬가지다.

사실 남편 입장에서는 사과를 하긴 했다. 하늘 사진을 찍어 보내며 미안한 마음을 전하지 않았던가(1단계). 그럼에도 아내는 받아들이지 않고 조목조목 잘못한 점을 따졌다. 남편은 호의를 무시당한 거 같아 무안했지만 아내의 요청대로 "미안해, 사과할게. 잘못했어"라고 다시 정식 사과도 했다(2단계). 이 지점에서 아내가 쿨하게 "알았어" 했으면 끝날 일이었을 것이다. 하지만 아내는 다시는 그런 잘못을 하지 말라고 강조했다. 남편으로서는 자존심

이 상했다. 자존심 상한 남편은 이후 아내와의 소통을 거부한 것이다. 남편으로서는 2절도 모자라서 3, 4절까지 하는 아내가 해도 너무 한다 싶었던 것. 그런데 1단계와 2단계에서 잘했듯 3단계에서 자존심을 내세우지 않았으면 어땠을까.

만약 남편이 아내의 마음을 헤아린다면 앞으로는 자존심 상할 일 없을 것 같아 아내의 입장을 대변해본다. 아내는 남편의 자존심을 건드리고 싶었던 게 아니다. 사랑하는 남편에게 사과받고 싶은 아내는 없다. 그래서 다시는 사과할 일을 만들지 않게 하려고 반복해 짚은 것이다.

관점 차이다. 할 만큼 한 사람과 아직 부족하다고 느끼는 사람. 이 차이를 좁히는 방법은 아주 단순하다. 실수한 사람이 풀면 되는 것이다. 상처 준 사람보다 상처받은 사람의 관점에서 한 번만 더 생각하면 된다.

사과해도 화해하지 못하고 더 꼬이는 경우 대부분은 한고비만 넘으면 되는 지점에서 '자존심'이 상하기 때문이다. 그 한고비를 넘기는 방법 또한 풀릴 때까지 사과하는 것이다. 한 번만 더 사과하자. "그래, 다시 생각해봐도 내가 정말 잘못했네. 미안해."

말 한마디로 모든 것을 잃을 수도 있다. 실수의 문제가 아니라 실수를 대하는 태도가 중요한 이유다. 결혼을 앞둔 손주에게 하신 어느 할아버지 말씀이 생각난다.

"네 사람이 마음 편해진다면, 네 살을 깎아준들 아깝지 않아야 한다."

아내가 원하면 무릎 꿇고 빌면 어떠랴. 사과할 일이 있을 땐 자존심 내세우지 말고 '자존감'을 세우면 된다. 그러면 1절이 아니라 4절까지도 받아줄 수 있다. 자존감 높은 사람이 하는 사과 말은 이렇다.

"내가 그런 행동해서 많이 놀랐지? 잘못했어, 여보."

"미안해. 다시 한 번 사과할게. 앞으로 정말 조심할게."

사서 미움받는 말습관

아내와 딸이 이야기를 나누고 있다. 요즘 결혼 풍속에 대한 주제다. 마침 딸 친구의 결혼 자금에 대한 이야기였다. 어느새 끼어 앉게 된 지석 씨는 발언 기회를 엿보고 있었다.

"그래서 네 친구는 남편감과 전세비를 반반 냈다고?"

"응, 엄마. 처음엔 기분 묘했는데 결혼 준비하다 보니까 오히려 당당해지더래."

이때가 기회다 싶어 지석 씨가 말했다.

"뭐? 여자가 왜 신혼집 값을 반이나 대?"

"아빠, 요즘 그래."

"야, 요즘 뭐가 그래. 김 부장님 딸은 몸만 오래서 진짜 그랬다던데."

"여보, 김 부장님네 경우와 다르지. 그 집은 남자네가 워낙 부자잖아."

"그러니까 골라 가야지. 사랑만 가지고 돼?"

지석 씨는 아내와 딸 사이에 앉아 주변의 사례 중 자신의 의견을 뒷받침할 만한 것으로 고르고 골라서 딸에게 자신의 결혼관을 펼치기 시작했다. 하지만 딸이 별 반응이 없자 지석 씨는 아내를 보고 말했다.

"여보, 우리 땐 월급 모아서 결혼했잖아. 당신도 결혼 전에 월급 맡겼다가 그거 가지고 결혼하지 않았어?"

아내가 딸의 눈치를 보며 우리 때랑 다르다고 말하는데도 지석 씨는 아랑곳 않고 열변을 멈추지 않았다.

"뭐가 달라. 사는 이치는 다 같아. 형편대로 사는 거지. 형편은 안 되면서 눈은 다락같이 높은 게 문제지. 요즘 애들 문제야 정말. 딸, 우린 형편껏 한다. 알았지?"

모처럼 딸과 아내와 함께 대화다운 대화를 나누는 자리라서인지 지석 씨는 기분이 좋아서 말이 술술 나왔다. 그런데 딸의 표정이 점점 심상치 않더니 "아무튼 아빠는 말이 안 통해"하며 씽하니 일어나는 것 아닌가. 그러고는 방 쪽으로 가면서 쏘아붙이듯 말한다.

"아빠, 아들한테는 다해줄 거지?"

지석 씨는 어안이 벙벙해서 아내를 쳐다봤다.

딸이 방에 들어간 걸 확인한 아내가 지석 씨에게 말했다.

"당신은 낄끼빠빠도 몰라? 낄 때 끼고 빠질 땐 빠져 봐. 당신,

이제 딸하고 말은 다 했다. 얼마나 서운하겠어. 못해준다고 선언이나 하고. 암튼 사서 미움을 받아요, 정말."

"뭐가? 내가 뭘 잘못했는데?"

이때까지만 해도 지석 씨는 억울했다. 모처럼 셋이 대화다운 대화 좀 하나보다 했는데 아닌 밤중에 홍두깨 아닌가.

"당신은 말을 해도 참 이상하게 해. 요즘 애들이 어떻게 직장생활해서 결혼 자금을 마련해! 우리 때랑 뭐가 같아. 같다고 쳐도 그래. 딸한테는 집 해올 남자 만나라고 하면서 우린, 아들 집 해줄 능력 있어? 남자는 집 마련해야 해? 그런 사고방식이니 딸이 아빠랑 말하고 싶겠냐고. 그냥 앉아서 듣기나 하지 왜 그렇게 열심히 말도 안 되는 말을 해? 암튼 사서 미움받아요."

"내 생각이 그렇다는 거지."

"아, 몰라. 왜 모녀 얘기하는 데 끼어들어서 산통 깨고 그래. 아무것도 모르면서."

지석 씨는 '말도 못하나?' 하는 생각에 억울했다. 그리고 자신이 뭘 모른다는 말인가.

지석 씨처럼 아들에게는 "부모가 집 얻어줄 형편이 안 되면 서로 일구는 재미로 시작해야지" 하면서 딸에게는 "그 집은 전세 하나도 못 얻어주면서 아들 결혼 시켜?" 하는 아빠들이 여전히 있다. 객관성이나 합리성과 동떨어진 발언을 아무렇지도 않게 하는 아빠들이다. "이중적인 사고방식이라 아빠와 상종하기 싫다"

는 딸들도 많다.

자녀와 결혼관이 일치하지 않아서의 문제가 아니다. 지석 씨 아내 말대로 아무것도 모르면서 말하니까 사서 미움받는 것이다. 사실 20, 30년 동안 집안일은 아내에게 맡기고 밖에서 일만 해온 남자들은 자녀들에 대한 정보가 없어 가족 대화에서 불리한 위치에 있다. 어떻게 하면 좋을까. 지석 씨와 비슷한 경우라면 앞으로 미움받지 않고 소통하는 방법을 생각해봐야 한다. 3가지를 추천한다.

먼저, 아내와 딸이 나누는 이야기를 듣는다. 둘 사이에 많은 정보가 오갈 것이다. 듣다 보면 그동안 열심히 사느라 미처 알지 못했던 아내와 자녀의 정보를 수집하게 된다. 그 정보를 바탕으로 말하되 '최소한'의 말을 한다.

두 번째는 단정적인 말은 안 하는 게 좋다. 예를 들면 딸의 말을 반박하며 "그런 게 어딨냐. 이래야지"라는 식의 말이다. "그래? 너희들은 그렇게 생각하는구나" 하며 말을 수렴하는 게 낫다. 딸의 말에 어폐가 있더라도 바로 반박하지 않는 것이다. 딸의 생각을 부정하는 말, 내치는 말은 불통을 부르는 말이다.

세 번째는 라떼 이즈 홀스. 라떼는 말이야 식의 말이다. 아빠 세대 이야기를 들려주는 게 왜 나쁘겠는가. 다만 딸 세대의 사고방식을 비난할 때 라떼 식으로 말하면 대화단절이 된다. 아빠 세대의 얘기를 하는 것과 "그런데 너희는 왜 그러냐" 식으로 말하는 것과는 달라도 한참 다르다.

가족 정서와 뒤떨어진 채로 자신의 20, 30년 전 이야기를 하면 사서 미움받는다. 좋자고 말했다가 나쁜 결과를 만드는 것은 순식간이다. 잘 듣고 있다가 궁금한 점은 나중에 아내에게 보충 설명 들으면 된다. 사서 미움받지 않는 비법이다.

아무것도 모르면서 대화에 끼어들면 '주책스런 사람'이 되고 '시대착오적인 사람'이 되며 '말 섞고 싶지 않은 기피 대상'이 된다. 그러므로 당분간 가족의 대화 자리에서는 경청하는 게 안전하다. 그러다 보면 "아빤 어떻게 생각하세요?"라는 질문을 받을 것이고 이때가 바로 존중받으며 발언할 기회다. 그럴 때 하고 싶은 말을 하면 된다. 아빠 생각을 말하는 것이다.

정보를 알고 말하는 것과 아무것도 모른 채 말에 끼어들어 말하는 것은 엄연히 다르다. 최소한 "아무것도 모르면서"라는 말은 듣지 않아야 한다. 평생 가족을 위해 헌신한 가장이 들을 말은 아니지 않은가. 아빠의 생각을 말한 후 이 말은 꼭 덧붙이면 좋겠다. 가장의 체면을 올려줄 말이다.

"아빠 의견이야. 결국 당사자들의 생각이 중요하지."

상대에게 마스터키를 넘기는 듯한 여유와 열린 결말을 보여주는 품격있는 말 아닌가.

원하는 말이라면 백 번이든 하는 남자

"맛있으면 맛있다고 좀 해 줘. 그 말이 그렇게 어려워?"

아내가 민준 씨에게 하는 말이다.

"아, 맛있으니까 먹지."

"그게 말이야 막걸리야? 내일부턴 당신이 저녁 준비해."

그때부터 아내가 말없이 식사하자 식탁은 적막해지고 민준 씨 기분도 별로다. 민준 씨는 아내가 왜 식사 때마다 맛있냐, 없냐를 묻는 건지 이유를 모르겠다. '맛있으니까 먹지. 맛없으면 먹겠어?' 하는 생각이 들면서 아내가 도대체 무슨 대답을 원하는 건지 궁금하다.

민준 씨 아내는 "남편은 형부와는 너무 대조돼요" 한다. 형부는 한 숟가락 뜨자마자 자동으로 말한단다. "어, 맛있네." 여기에 한 술 더 떠서 "이거 어떻게 한 건데 이런 맛이 나지? 오~~" 하며 엄지도 들어올린단다. 형부의 유쾌한 반응에 언니네 식탁은 늘 화기애애 즐겁다. 유대인 식사 자리 못지않게 정담이 오간다. 아빠가 엄마를 칭찬하는 말에 식탁 분위기가 좋으니 자녀들에게는 자연스럽게 밥상머리교육의 장이 된다. 엄마의 좋은 기분에 집 분위기도 환해진다.

이런 정도까지는 바라지 않는다. 다만 퇴근 후, 힘들게 저녁 준비한 보람 있게 반응이라도 보이면 좋겠는데 남편은 왜 "맛있다"는 말을 아끼는지 모르겠다. 하지만 민준 씨 아내는 자꾸 물어보면 언젠가 묻지 않아도 반응해주겠지 싶어 오늘도 물어본 것이다. 그랬더니 억지로 하는 듯한 대답은 "맛있으니까 먹지"다.

남편이 성격상 이런 말을 못하는 사람, 차라리 무뚝뚝한 사람이면 그러려니 하겠는데 표현을 못하는 사람이 아니다. 민준 씨 아내는 남편이 일부러 말을 안 하는 것 같아 더 괘씸하단다. 먼저 말해주면 매번 안 물어볼 텐데, 꼭 물어보게 하는 데다 대답은 실망스러우니 식사 자리가 냉랭하기 일쑤다.

민준 씨 아내는 워킹맘이다. 아내 딴에는 퇴근해서 거의 초주검인 채로 저녁 식사를 준비했는데도 물어보기 전까지는 맛있다는 말을 해주지 않는 남편이 야속한 것이다. 그럼에도 민준 씨 생각은 한결같다.

'맛있으니까 먹지. 꼭 맛있다는 말을 해야 해? 매번 물어보는 거 지치지도 않나?'

왜 매번 물어보냐고 민준 씨가 궁금해한다면 간단한 이치다. 아내가 원하는 말을 먼저 안 해주니까 '자꾸' 묻는 거다. 만약에 아내가 매번 물어보는 게 피곤하다면 2가지 방법이 있다.

첫 번째, 민준 씨가 음식을 준비하면 된다. 그러면 아내가 맛있냐고 물어보지 않는다. 두 번째는 아내가 묻기 전에 먼저 말하는 거다. "자기야, 이거 맛있네. 역시 우리 자기 솜씨는 최고야!"

둘 중 선택하지 않으면 민준 씨네 저녁 식사 분위기는 계속 반복될 것이다. 민준 씨 아내의 말을 그대로 옮겨보자면 이렇다.

"저희 남편은 제가 힘들게 만든 음식을 먹은 후에, 제가 물어보기 전까지는 맛있다는 말을 먼저 해주지 않더라고요. 제가 물어보면 아직 씹지도 않았어, 라고 말하거나 겨우 "맛있네" 한마디 하는 거 있죠. 그럼 제가 맛있다고 먼저 기분 좋게 말해주면 안 되냐, 하면 남편은 뭘 그걸 가지고 그러냐, 내가 맛있으면 맛있다고 안 하냐, 하고. 그러면 저는 더 기분 나빠져서 그럼 이건 맛이 없어서 맛있단 말을 안 한다는 거냐, 뭐 이러면서 밥을 먹으니 맛있더라도 기분이 상하게 되는 거죠."

민준 씨 아내는 덧붙였다.

"어른들 사는 모습이 마치 아이들처럼 유치한 거 같아요. 매번 묻는 저나, 매번 그렇게 대답하는 남편이나 유치한 걸 알면서도…. 그러면서도 자발적 칭찬 한번 듣고 싶은 아내의 마음을 몰라주는 남편이 못내 서운한 거예요."

칭찬 좋은 거 다 알고 있으면서 칭찬 못하는 남자라면 민준 씨 아내 형부의 말재주를 모방해보는 게 좋겠다. 숟가락 뜨자마자, 기분 좋게 "어, 맛있네" 하는 것이다. 그러면 민준 씨 아내처럼 "같은 남잔데 왜 저렇게 다른가도 싶고. 자존심 상해 안 물어봐야지 하면서도 자꾸 묻게 되는" 일은 없을 것이다.

민준 씨라고 해서 할 말이 없는 건 아니다. 아내 말처럼 그런 말을 못해서가 아니라 아내가 자꾸 다그치듯 물으니까 '안 하는 것'이다. 민준 씨가 여전히 "그럼 안 물어보면 되지" 한다면 한마디 덧붙이고 싶다. 기 싸움하지 말고 아내가 묻자마자 "어, 맛있다고 하려고 했어. 맛있어, 자기야" 하는 것이다. 묻기 전에 말하면 더 좋은 건 물론이다. 아내가 자꾸 묻는 이유는 채워지지 않은 칭찬 갈증 때문이다. 가뭄에 단비 내리듯 시원하게 칭찬해보자.

"자기야, 맛있다. 퇴근해서 시간도 없었을 텐데 언제 이런 걸 다 만들었어. 진짜 맛있네. 여보 잘 먹을게. 와~~ 진짜 맛있다."

한 끼 식사 때만이라도 찐하게 반응해보자. '한 번이 어렵다'는 말이 있다. 한 번만 해보면 이 말의 마법에서 헤어나지 못하고 자꾸 할 것이라는 걸 장담한다. 아내의 행복해하는 모습을 보면 자주 할 수밖에 없다. 행복 바이러스라는 말이 있을 정도로 행복의 전파력은 강하다. 내 말 한마디로 세상에서 가장 사랑하는 내 사람이 행복해진다면 아무리 표현이 부족한 남자도 안 할 수 없을 것이다. 입 밖으로 표현하자. 한 번만이라도. 속 시원하게.

해서 문제 되는 말이 있고, 안 해서 문제 되는 말이 있다. 당연히 해야 할 말인데도 안 하는 당신이라면 명심하자. 말 한마디 아꼈다가 평생의 빚만 지게 된다는 것. "꼭 말해야 알아? 맛있으니까 먹지"라는 말과 "맛있네. 정말 맛있어. 자기야 잘 먹을게. 정말 고마워"라는 말의 차이는 너무 크다. "여보, 잘 먹었어, 사랑해." 이렇게 '사랑해'라는 말도 덧붙이면 좋다.

안 해서 문제 되는 말, 3가지가 있다. 짐작했을 것이다. '사랑해' '고마워' '미안해'다. 꼭 해야 하는 말이고 자주 해야 할 말이다. 내 사람에게 백 번이라도 부족하다는 듯, 원하기 전에 먼저 말해주면 좋겠다. "맛있어, 고마워" "맛있어, 사랑해" "맛있어, 혼자 준비하게 해서 미안해"로 응용하니 더 근사한 것 같다.

민준 씨 아내의 추신

남편이 주말에 음식을 만들어서 해준 적이 있는데요, 만들자마자 저에게 "맛있지?" 하고 묻더라고요. 자신이 그간 어떻게 해온 지는 까맣게 잊고 말이지요. 근데 사람 마음이, 저도 당한 만큼 돌려주고 싶은 건지, 시큰둥하게 "맛있네" 하게 되더라고요. 말이든 행동이든, 대접받고 싶은 대로 해주기만 해도 절반은 성공하는 관계가 될 것 같다는 생각을 새삼 해봅니다.

여자가 묻는 말,
대답엔 공식이 있다

"나 어떤 게 어울려?"

"이건 좀 그런가?"

"자기가 보기엔 어때?"

여친이 옷을 사러 가서는 다섯 번째 갈아입고 나오며 묻는데 어떻게 대답하면 좋을지 대략 난감이다. 솔직히 그 옷이 그 옷 같다. 어서 빨리 결정하길 바랄 뿐인데 여친은 다른 옷을 입고 나오며 또 어떠냐고 묻는다. 남자의 입에서는 자신도 모르게 이런 말이 나왔다.

"에이, 그건 진짜 아니다."

쇼핑을 마치고 식사를 하는 내내 여친 얼굴이 밝지 않다. 뭘 물어도 단답이다. 평소 같으면 자신의 작은 조크에도 깔깔 웃던 여친인데 웃자고 하는 말에도 "그게 웃겨?" 하며 민망하게까지 한다. 남친은 영문도 모른 채 기분을 풀어주려 노력하는데 반응은 갈수록 쎄하다. 남자는 억울했다. 쇼핑 시간만 3시간이었다. 저녁 식사도 여친이 고른 메뉴로 정했다. 그런데 뭐가 문제란 말인가. 참다가 물었다. "왜 그래? 실컷 쇼핑도 하고 옷도 사고 그랬잖아. 뭣 때문에 계속 저기압으로 공기 무겁게 만드냐?"

며칠의 냉전 시간이 지나서 만난 여친은 비로소 그 이유를 말했다.

"솔직히 그날, 어떠냐고 물었으면 제대로 반응을 보여야 하는 거 아냐?"

"반응? 내가 안 보였어? 반응 보였잖아!"

"언제? 아, 괜찮네 그런 말?"

"응, 그치."

"아, 그래서 내가 어울리는 옷 입었을 땐 시큰둥한 반응이었다가 아닌 옷에는 그렇게 적극적인 반응을 보인 거네. '에이, 그건 진짜 아니다' 하고?!"

여친은 남친의 말투를 흉내 내며 그 당시를 재연했다.

"내가 그 말하기 전까지는 다 잘 어울린다고 하지 않았나?"

"응. 그랬지. 성의 없이. 다 잘 어울려, 그러긴 했지."

남친은 기가 막혔다. '뭘 어쩌라고!'

"다 잘 어울려"라는 말이 정말 뭐가 문제인가. 다 잘 어울린다는 말, 좋지 않은가. 하지만 연인 사이엔 2% 부족한 멘트다. 왜? 이제부터 그 얘기다.

여자가 묻는 말에 대답할 땐 공식이 있다. 이 공식을 모르면 대화가 계속 어긋난다. 차라리 남자의 말이 50% 정도 잘못됐으면 확실히 짚어라도 주겠지만 2% 부족한, 딱히 잘못이라고 지적하기엔 애매한 2%를 채우는 공식. 바로 2가지의 디테일을 갖추면 된다.

먼저, 표정이다. 어울린다는 말에 알맞은 표정으로는 역시 만면에 미소를 띠는 거다. 그다음 디테일은 약간의 감탄사를 동반한 "오, 그 옷을 입으니 얼굴이 훨씬 살아 보이네"라든가 "우아, 정말 자기한테 잘 어울리는데?"다. "우리 자기는 버건디가 어쩜 그렇게 잘 어울리지?"는 어떤가.

말 잘해서 천 냥을 버는 남자들이 있다. 여친의 옷을 사주지 않더라도 몇 벌 사준 이상으로 행복하게 만들어주는 말주변을 가진 20대 남자가 있다. 그 남자는 이렇게 말한다.

"자기가 옷을 입으면 다른 사람들이 다 쳐다보더라. 입는 옷마다 다 잘 어울려서. 우리 자긴 입는 게 다 자기 옷이야."

마치 옷가게 매니저가 단골 손님에게 옷을 권할 때 할 법한 달콤한 멘트를 하는 남친에게 뭘 더 바라랴. 여심 잡는 달콤 멘트 준비 없이 여친을 만나고 있다면 매번 지갑이 빈 상태로 여친을 만

나는 것보다 위태하다.

나는 여친에게 아주 달콤한 말을 잘하는 남자 대학생을 안다. 그는 여친에게 이렇게 말한다.

"우리 댕이(애칭)는 언제 봐도 이뻐요."

칭찬할 때나 고마움을 표현할 때 그 학생은 한 살 어린 여친에게 경어를 썼다. 고마움과 칭찬의 느낌이 도드라지는 효과로 경어가 그토록 잘 어울릴 줄이야. 듣는 이를 더욱 기분 좋게 하는 경어 효과를 남자 대학생은 아는 걸까. 그런 부드럽고 달콤한 말습관을 어떻게 들였는지 궁금해서 물어봤다. 그는 말했다.

"우리 아빠가 엄마한테 그러시거든요."

누군가는 여심이 미로처럼 복잡하고 어렵다고 한다. 여자들 속은 천 길보다 더 깊어서 보이지 않는다고도 한다. 여자들이 남자에 비해 대체로 섬세하고, 예민하고, 민감하긴 하다. 이렇게 속 깊은 여자의 마음을 담은 언어를 이해한다는 건 쉽지만은 않다. 하지만 2%의 디테일을 담은 공식을 잊지 않으면 어렵지 않다.

"나, 뭐가 잘 어울려?"라는 질문에 "다 잘 어울려!"라는 대답도 나쁘진 않다. 다만 이 말은 자칫하면 "아무거나 사." "내 눈에 그게 그거 같은데 뭘 그렇게 오래 골라?"로 들릴 수 있다. 건성 대답이 아니라 관심을 가지고 자신을 봐주며 그에 맞게 대답해주길 바라는 걸 잊지 않아야 한다. 대충 대답한다는 느낌이 아니라 자신에게 관심을 보이며 진지하게 대답한다는 느낌. 이게 2%의 디테일을 완성시키는 공식이다.

"(진심의 표정을 지으며)다 잘 어울려서 나도 어떤 걸 골라야 할지 대략 난감."

"이 원피스는 이래서 이쁘고 저 블라우스는 저래서 잘 어울려. 자긴 왜 그렇게 다 잘 어울리냐?"

만약 "나, 이 옷 안 어울리지?"라고 묻는다면? 이건 공식에 대입하기엔 약간 어려운 질문이긴 하다. 그럴 때 방법이 있다. 일단 되물어보자.

"자기가 보기에 안 어울리는 것 같아? 왜?"

그럼 여친이 대답할 것이다. 그럼 거기에 맞춰 대답하면 된다.

"살쪄 보인다고? 노! 내 눈엔 볼륨이 확 살아나는 느낌인데?"

이 말을 듣고 여친이 어울리지도 않는 옷을 덜컥 살까 걱정하지 않아도 된다. 여친은 현명하게 선택할 능력의 소유자므로. 미로처럼 어려운 것 같지만, 때로는 빙 돌려 말하면서 어려운 반어법을 쓰는 것 같지만 당신이라면 이 정도의 여친 속을 파악 못할 리 없다.

여자는 남자의 대답에 따라 '사랑'과 '관심'을 가늠한다. 여자의 언어를 모르면 사랑도 모르는 남자가 된다. 어려운 수학 문제를 풀 때도 공식을 적용하면 되듯, 아리송하고, 모호하고 미로 같은 여자의 말도 살펴보면 공식이 있다. 그렇다고 세상 모든 여자의 말을 연구할 필요는 없다. 내 여자의 묻는 말에 대답할 공식만 있으면 된다. 당신이 관심 가지면 쉽게 보인다. 잘 생각해보면 이미 여친은 그동안 충분히 알려줬을 것이다. 나는 이러저러한 것을 바란다고.

'꼭 말을 해야 알아?' 하는 여자와 '말을 해야 알지'의 남자 사이는 이렇게 좁혀지는 것이다. 미로를 헤매다 지치는 사이가 아니라 척, 하면 척, 알 수 있는 사이. 이심전심으로 마음을 알아주는 내 사랑의 공식을 찾길 바란다. 사랑은 처음엔 샘솟지만 그 사랑을 지속하는 건 의지와 노력이다. 내 여자와 행복하기 위해 공식 하나 외우는 노력쯤 못할 것인가.

여친의 꼬치꼬치 질문에 속 시원히 답하라

질문자 : 남자친구가 자꾸 전 여친의 이름을 불러요. 그 여친과 제 이름이 비슷하긴 한데요.

답변 : 그게 뭐가 문젠데. 지가 좋으면 된 거지.

질문자 : 혹시 남자친구가 전 여친을 못 잊어서 그런 걸까요?

답변 : 계속 꼬치꼬치 따지고 캐물어서 뭐할 건데? 따지면 어떻게 살 건데? 그런 마음이면 결혼해도 남자가 숨이 막혀서 도망가.

〈즉문즉답〉 현장은 웃음바다가 되었다. 질문자는 또 물었다.

"전 여친을 잊지 못해서 그러는 걸까요? 그래서 이유를 말해달라고 요구했는데 얘기 못하더라구요. 저는 더 의심이…."

앳된 20대 청춘의 사랑 고민이 풋풋해서일까? 스님도 웃으며 말했다. 요즘은 다양한 상황을 이해하며 살아야 한다고. 상대에게 조건 붙이지 말고 자기가 좋으면 사랑하라고. 네가 변하면 내가 좋아하겠다고 하면 불행을 자초한다고. 인간은 바뀌지 않는다고.

명쾌한 답에 청중은 박수를 보내며 웃었고 질문자도 웃었다. 나도 웃음이 나왔다. 남의 사랑 얘기는 그게 설령 고민일지라도 때로 유치하고, 웃기고, 재미있다. 사랑에 빠진 당사자는 애타겠지만 사랑 고민이 인생 고민인 청춘이 부럽기도 하다. 그런데 이 영상을 다 보고 나서 나는 질문자의 남친에게 할 말이 많아졌다.

첫 번째는 여친이 왜 그걸 스님에게 묻게 하는가다. 분명 질문자인 여친이 말했다. "남친한테 이유를 말해달라고 요구했는데 말을 못하더라구요"라고. 여친의 질문에 남친은 왜 대답을 못했는지 궁금하다. 물어볼 때 대답을 안 하면 궁금한 사람의 궁금증은 더 증폭되고 의심은 커지기만 하는 걸 남친도 알 텐데 말이다.

두 번째는 확실하게 대답해주라는 거다. 남친 입장에서 여친이 말도 안 되는 걸 묻는다고 생각하면 "말도 안 돼. 전혀 아니야. 잊었어. 다 잊었어"라고 명확하게 말해주면 된다. "왜 자꾸 물어. 아니랬잖아"라는 대답 말고 "다시 대답해줄게. 절대 아니야"라고 말하면 되는 것이다.

여친이 남친 피곤하게 하려고 자꾸 물었을 리 없다. 누가 사랑하는 사람을 피곤하게 하고 싶겠는가. 여친은 남친에게 이런 말이 듣고 싶었던 거다.

"아니야. 절대 아니야. 다 잊었어. 실수로 나왔나봐. 정말 미안해. 앞으로 조심할게."

강연 현장에 남친이 같이 있었다면 어떤 말을 했을지 궁금하다. "제가 대답을 했는데도 자꾸 꼬치꼬치 물어서"라고 말할 수도 있겠다. 그런데도 여친이 왜 자꾸 꼬치꼬치 묻는지 궁금할 수도 있겠다. 그 이유는 이렇다. 속 시원하게 가슴 뻥 뚫리게 의문이 해결되지 않아서다.

"어떤 게 시원한 답변인가요? 저는 분명히 아니라고 했는데요"라고 한다면 여친이 원하는 대답은 이렇다. 시나리오를 잘 외워서 여친이 다시 묻거든 이렇게 대답하길.

남친 : 자기야, 내가 전 여친을 왜 못 잊어, 모조리 잊었어. 아주 몽땅 싹 잊었어.

여친 : 근데 왜 자꾸 전 여친 이름을 불러? 내 이름하고 비슷해서 그래?

남친 : 미안해, 미안해. 나는 너만 사랑해. 내가 헷갈려서 그런 건데, 다시는 안 그럴게. (여친의 이름을 정확히 부르며)○○야 미안. 지금 잘 불렀지? 맹세! 앞으로 다신 헷갈리지 않을게.

여친 : 설마 못 잊어서 그런 건 아니지?

남친 : 그럼그럼. 내가 왜 걜 못 잊어. 다 잊었어.

이 정도는 되어야 한다. 여친의 질문이 동어반복이 될수록 이제 목표지점에 다달은 것이므로 "아, 말했잖아. 몇 번을 말해야 알아들어"라는 말은 금물이다. 그러면 소모성 대화가 길어진다. 여친으로 하여금 다시는 이런 주제를 꺼내지 않게 할 방법이 있다. 이참에 의심의 여지를 없애는 확실한 비법이다. 닭살 멘트를 날려라.

"○○야, 이 세상에 내가 사랑하는 사람은 단 한 사람. 바로 너야. 지금도 앞으로도 영원히."

이보다 더한 오글거리는 멘트가 있다면 아끼지 말고 해보자. 이 세상에 너밖에 없다는, 너만 사랑한다는 말을 확인하고 싶고 반복해서 듣고 싶은 여친에게 애매하게 대답하거나 회피하면 여친은 자꾸 묻게 된다. 그렇게 남친에게 반복해서 물으며 여친 스스로도 자괴감에 빠진다. 남친을 의심하는 자신이 초라해서 자신감이 떨어지며 자격지심에 자꾸 추궁하는 말을 하는 것이다.

"그 여자 못 잊어서 그래? 왜 대답이 그래? 그 여자야? 나야?"

미심쩍으면 묻고 또 확인한다. 의심이 안 풀리면 또 묻는다. 남친은 피곤하고 여자는 지친다. 여친도 피곤하고 남자도 지친다. 피차일반이라는 말이 딱 들어맞는 악순환이다. 그러면 꼬이고 꼬여 풀 수 없는 매듭이 생긴다.

질문자는 마지막으로 이런 질문을 했다.

"제가 좀 내려놓으면 될까요?"

여친으로 하여금 내려놓게 하지 마라. 20대 청춘이 남친에 대한 마음을 내려놓으면 그게 무슨 사랑이고 연애냔 말이다. 집착도 하고, 의심도 하고, 따지기도 하는 게 그 시절 사랑법이다. 한

창 청춘에, 끓는 사랑 에너지를 '내려놓는 사랑'으로 승화시켜서 뭘 어쩌란 말인가. 여친으로 하여금 초탈한 듯 다 내려놓게 하지 말자.

사랑하면 멀쩡하던 사람도 속이 좁아지기 마련이다. 속 좁아지고 옹졸해져서 다글다글 애끓는 사랑도 아무 때나 하는 거 아니다. 사랑을 의심하거든 의심을 풀어주자. 확실히 잊었다고. 너만 사랑한다고. 사랑하는 사람에게 언제든 듣고 싶은 말, 들어도 또 확인하고 싶은 말이다. 묻기 전에 사랑을 느끼게 하고, 물으면 아주 정확하고 속 시원히 대답하자. 사랑한다, 너만 사랑한다고.

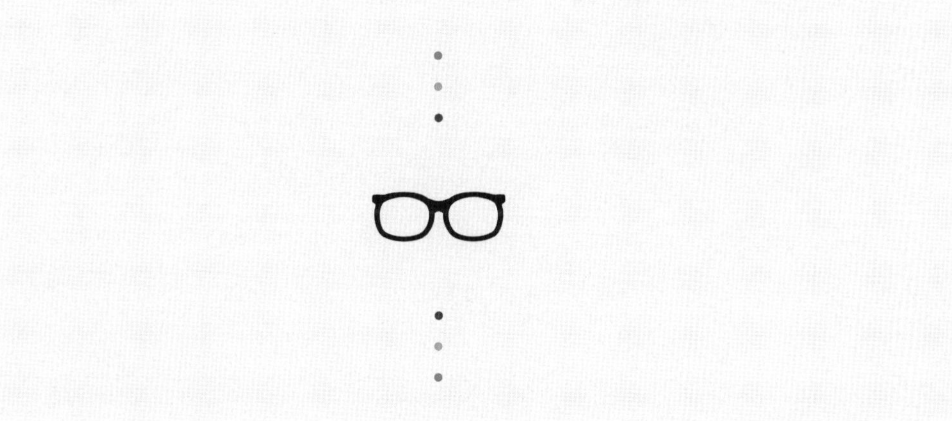

말습관은 자신도 모르게 툭 튀어나온다. 생각 없이 튀어나오는 말은 상대의 입을 닫게 한다. 대화가 불통이면 함께 하는 시간이 많을수록 불행이 커진다. 활발한 소통은 상대를 배려하는 소통이다. 활발한 소통이 재앙을 가져오는 경우는 '내 말'만 내세우려고 할 때다. 먼저 잘 듣고 '공감'해야 한다. 그동안 대화가 부족했다면 지금부터라도 생각 없이 말하지 말고 먼저 상대의 말에 공감하는 대화를 하자.

5장

공감대를 형성하는 말

"그럼 우리 이렇게 해보면 어떨까?"

어떤 순간에도 공감이 먼저다

"초상났냐?"

이 말에 소리가 들리는 쪽을 봤다. 여자가 울고 있었다. 하필 울고 있는 그녀와 눈이 마주쳤다. 나는 얼른 시선을 거둬들였다. 민망할 일을 만든 건 굳이 핑계 대자면 '나도 모르게'라는 반사 신경과 초상났냐는 말 때문이었다. 여자 앞에는 남자가 앉아 있었고 초상났냐는 말은 그 남자가 한 말이었다. 한 세대 전에나 썼던 말을 지금 20대 청춘이 쓰는 것이 놀라웠다. 여친이 더 크게 울며 말했다.

"무슨 말을 그렇게 해?"

자리를 옮기는 게 매너일까 고민하는데 동석한 친구가 말했다.

"아직도 저런 말을 쓰는 젊은 친구가 있네. 이상한 말은 생명력이 길어."

신조어가 쏟아져 나오는 이 시대. 구시대 유물이 될 그런 말이 여전히 생명력이 길다는 말이었다. 우리 세대는 우는 사람을 달래주기는커녕 창피하게 만드는 말 몇 번은 예사로 들었다. 공감이라는 말을 몰랐던 그 시절엔 "왜 울어? 초상났냐"처럼 그저 윗세대가 썼던 비유법을 아무렇지도 않게 쓴 것이다.

울음도 웃음도 자제하던, 감정억제가 미덕이던 시절엔 그런 말로 울음이라는 감정 표현을 억제시켰다. 실컷 우는 것은 말 그대로 초상이 났을 때나 가능한 것이었다. 그래서 우는 아이에게 "초상났냐"고 혼내던 부모가 많았다. 그럼에도 뚝 그치지 않고 울다간 "부모가 죽기라도 했냐?"고 호되게 혼났다.

그 시절에는 감정 표현을 자제하는 것이 어른이 아이들에게 가르칠 덕목이었다. 우는 것도 웃는 것도 경박하다는 가치관이었다. 부모들은 아이들이 함부로 감정 표현하지 않도록 하며 무던하고 우직하고 진중한 아이로 키워야 했다. 사회적으로 분위기가 그랬다. 침묵이 금이던 시절이었다. 좋은 일도 함부로 발설하지 못하게 했다. 감정은 가슴에 간직해야 한다는 가치관이었다. 그땐 이런 말이 잘못된 줄도 모르고 썼다.

우는 사람에게 "초상났냐?"

슬픈 사람에게 "무슨 그런 일 갖고 그래?"

놀란 사람에게 "아무것도 아닌데 웬 호들갑이야?"

이렇게 남의 감정을 자기 식대로 정리해주는 말을 아무렇지도 않게 했다. 감정의 주인은 상대방이 자신의 감정을 정리해주는 말에도 속수무책이었다. 그러면서 '내가 지나친가?' '이 감정이 잘못된 건가?' 하며 자신의 감정을 의심하고 잘못된 감정이라며 자책했다.

하지만 지금은 어떤 감정이라도 '감정은 소중한 것'임을 알게 된 사람들이 사는 시대다. 공감이라는 말이 흔하게 언급되고, 그렇잖으면 불통을 부르는 사람이라고 취급된다. 그런 사람과 만나느니 차라리 '외로운 솔로'를 선택하기도 한다. 그만큼 감정 표현이 대접을 받게 된 시대다.

둘 사이에 어떤 일이 있었는지는 모른다. 하지만 울고 있는 여친 앞에서 "초상났냐?"는 말은 공감과 소통이 화두가 된 지 오래된 지금, 그것도 MZ 세대가 하는 말이기에는 너무 낯설었다. 자신도 모르게 그런 말이 입 밖으로 불쑥 튀어나왔을 수도 있다. 하지만 툭, 튀어나온 말이 상대의 가슴에 화살촉처럼 깊숙이 박힐 수 있다. 아주 아프게 오래도록.

말은 습관이라 자신도 모르게 부지불식간에 나온다. 그래서 말습관을 잘 들여야 하고, 자신의 말습관 목록을 잘 점검해야 한다. 말습관이라고 하면 자신이 자주 하는 말이라고 생각하지만 좀 더 정확히 말하면 '순간 나오는 말'이 말습관이다.

생각 없이 나오는 말, 생각이라는 필터를 거치지 않고 나오는 말을 점검해야 한다. 나쁜 말습관이거나 반드시 고칠 말습관이기 때문이다. 특히 "왜 울어? 초상났냐?"는 말처럼 남의 감정을 민망한 비유로 비하하는 말, 남의 소중한 감정을 별것 아닌 것으로 취급하는 "뭘 그런 거 갖고 난리야?"라는 말 등은 남의 감정에 감놔라 대추 놔라 하는 말이다. 감정 지적과 훈수는 사랑이라는 감정도 깨지게 할 만큼 위험하다.

생각하고 말하면 실수가 없다. 특히 생각을 거치지 않고 나오는 말 중에서 마음 아프게 하는 말은 없는지 살펴야 한다. 만약 여친이 싫어하는 말이 있다면 삼가는 게 매너다. "자긴 무슨 말을 그렇게 해?"라고 했다면 "뭘 그런 말 갖고 그래?"라는 말보다 어떤 말이 듣기 거북했는지 물어봐야 한다. 그리고 이후로는 그 말을 사용하지 않는 게 사랑하는 사람으로서의 배려다.

기질과 성격에 따라 말에 대한 반응도 다르다. 상대가 싫다면 싫은 것이다. 설령 상대가 무던하더라도 보편적 인지상정의 매너가 있다. 바로 공감이다. 공감의 표현은 2가지가 있다. 첫 번째는 그 상황에 함께하는 마음으로 하는 언어적 표현이다. "그래서(화나서, 속상해서, 슬퍼서) 그렇구나(목소리가 커졌구나. 말을 안 했구나, 우는구나)" 등 상황에 맞게 말하는 것이다. 두 번째는 그저 그 시간을 그 사람과 함께해주는 방법이다. 별다른 말을 하지 않더라도 시간을 함께하는 것만으로도 충분한 위로가 될 수 있다. 우는 동안 기다려주거나 안아주며 도닥여서 위로할 상황도 있다.

다행히 얼마 후 청년은 여친을 안아주며 위로하고 있었다. 그리고 다정히 어깨를 감싸고 밖으로 나갔다. 충분한 위로가 될 만큼 산책도 좋고, 맛있는 음식을 먹으러 가도 좋겠구나, 생각하는데 친구가 말했다.

"나는 저럴 때 남편이 '뭐 먹을까?' 하는 게 좋더라. 처음엔 되게 뜬금없는 거 같았는데 남편이 울고 나면 허기져서 뭘 좀 먹는 게 좋을 거라고 하더라고. 근데 진짜 음식이 위로가 돼. 그러고 보면 남자들도 혼자 우는 일이 종종 있나 봐. 그런 걸 공감하고 말이야."

나도 마침 그 생각했노라고 하며 공감의 말을 반복했다.

"그치, 그치. 나도 그래. 나도 지금 그 생각하고 있었어."

마음이 통하는 느낌은 이렇게 좋다. 말조차도 리듬을 타듯 통통거리게 나온다. 공감의 말을 할 때 표정은 어떨 것인가. 그 사람의 마음을 자신의 얼굴로 비춰주니 미러링 효과처럼 완벽한 감정이입의 순간이다. 공감은 이토록 서로의 감정을 결속시키는 강력한 소통의 연결고리가 된다.

역사학자이자 미래학자인 유발 하라리는 인공지능시대일수록 인간이 '이것'만 갖춘다면 AI에게 밀리지 않을 것이라고 했다. 이것은 바로 공감과 소통 능력이다. 그의 말이 아니더라도 우리는 이미 알고 있다. 우리 또한 일찍이 공감을 바라지 않았던가. 공감 능력 높은 사람과 사랑하고 소통하고 싶은 건 만인 공통이다. 어떤 순간에도 공감이 먼저다.

깻잎 눌러주는 남자

그날 엄마아빠와 함께 식사하던 아들과 딸은 식당에서 나가고 싶었다고 한다. 부모님의 냉랭한 분위기 때문에 맛있게 먹는 건 고사하고 자리에 앉아 있는 것도 힘들었다고.

주말이라 식당이 붐볐는데 엄마가 반찬을 추가한 것이 시발점이었다. 엄마가 종업원에게 "여기 샐러드 좀 더 주세요" 하자 서빙 하던 직원은 "한참 기다리셔야 해요. 반찬을 새로 만들어야 해서요. 지금 주문이 많이 밀려서…"라고 했고 아빠가 "(아내를 보며)그냥 먹어. (종업원을 보며)됐어요. 안 가져다줘도 돼요" 한 것이다. 이 말에 엄마는 "(남편을 보며)되긴 뭐가 돼요? 내가 필요하다는 건데. (종업원을 보며)만들면 가져다줘요" 했던 것. 그러자 아빠는 샐러드를 엄마 옆에 밀어주며 "내 거 줄게. 그냥 먹어. 바쁘다잖아" 했다. 이후로 엄마의 표정은 냉랭했고, 딸은 좌불안석이었다.

딸은 친구와 만나서 부모님의 일화를 얘기했다. 친구는 갓 결혼한 신부다.

"정말 궁금한데, 우리 엄마가 예민 여왕인 건가? 가만 보면 우리 아빤 남을 배려하는 덴 선수면서 엄마한텐 곰탱이 끝판왕인 거 같기도 하고. 20년 넘게 살고도 이렇게 딱딱 못 맞추는 걸 보면 난 진짜 결혼에 대해 다시 생각해봐야겠어. 넌 어때? 진혁 씨하고 죽이 좀 맞아?"

"난 우리 부모님은 잘 모르겠고… 진혁 씨하곤 잘 맞다가도… 사실 얼마 전 다퉜거든. 너네 부모님 건과 너무 비슷해서 나는 너네 엄마 백 번 천 번 이해해. 배려에도 순서가 있지 않니?"

그러면서 친구는 '깻잎 눌러주는 남자' 에피소드 때문에 신랑과 다툰 이야기를 했다.

"커플 두 팀이 마주 앉아 식사하는데 상대 여자친구가 깻잎을 못 짚더래. 그러니까 자기 남자친구가 상대 여친이 깻잎을 짚도록 깻잎을 눌러주었대. 진혁 씨는 이런 상황이면 어떻게 할 거야?"

친구는 신랑에게 물어봤단다.

"뭘 어떻게 해. 나도 그렇게 하지. 상대가 못 짚는 거 뻔히 보고 가만있을 순 없잖아."

1초도 생각 안 하고 대답하는 신랑의 말에 친구는 기분이 묘하더라고. 친구는 신랑에게 다시 물어봤다고 한다.

"자기야, 깻잎 눌러준 남자와 여친이 싸웠게 안 싸웠게?"

"음? 그거 퀴즈야? 음, 근데 왜 싸워?"

그러고 나서 친구는 이 문제로 진혁 씨와 다퉜다고 한다. 자기 여자에게나 집중해야지, 남의 여자 젓가락은 왜 보냐고 하면서.

이 에피소드를 들려주며 친구는 말했다.

"내가 당하고 보니 너네 엄마 입장에 완전 감정이입된다. 내 편도 안 들어줄 사람을 왜 존중하고 싶겠냐고."

길을 지나는데 상대방이 잘 지나가도록 아내에게 "비켜야지" 하는 남편이 있다. 식사하면서 자기 여자 앞의 반찬을 다른 사람에게 옮겨놓는 겁 없는 남자도 있다. 시장에서 아내가 콩나물 한 줌 더 달라고 하자 "이 사람아, 그만해. 지금 콩나물도 많이 줬구만 그래" 해서 남편과 한동안 말을 끊은 아내도 있었다.

남편 관점에서는 뭘 그런 사소한 걸 갖고 그러냐고 생각할 수 있지만 다시 곰곰 생각해보라. 배려에도 분명 순위가 있는 것이다. 내 사람이 먼저다. 아내나 여친 입장에서는 배려의 순서가 바뀌면 단단히 속상하다. 기질적으로 예민한 경우엔 서운함을 넘어 사랑도 '의심'하게 만드는 대사건이 된다.

에피소드의 남편은 식당이 붐비고 종업원이 바쁜 데다 반찬을 새로 만들어야 하는 상황을 객관적으로 받아들이며 상대를 배려했지만 아내로서는 '배려를 해도 나 먼저 해야 하는 거 아닌가?'

하는 마음이 든 것이다. 자신의 의견을 무시당한 느낌에 기분이 나쁠 수도 있다.

깻잎 눌러주는 남자만 해도 그렇다. 상대 여친을 배려하는 마음은 인간적이긴 하나 자신의 여친을 의식하는 게 먼저다. 여친의 입장에서 행동하는 게 여친에 대한 배려인 것이다.

배려에도 순위가 있다. 배려의 0순위는 내 여자다. 폭넓은 측은지심의 오지랖은 내 여자와 함께 있을 땐 자제해야 한다. 남의 편이 아니라 내 사람 편이 되는 게 우선 순위다. 이를 뒷받침해주는 프로그램이 있었다. 〈슬기로운 의사 생활〉 출연진 남녀가 출연한 특집 코너였다. 여자 출연진은 이런 질문을 받았다.

"내 남자가 모든 여자에게 배려심이 있다면 좋다? 싫다?"

놀라울 것 없는 결과가 나왔다. 모두 싫다라며 X팻말을 들었다. 생각할 여지도 없는 듯 바로 X라고 한 것이다. 배려에는 분명히 순위가 있다. 특히 배려심 많은 당신이라면 그 순위를 잘 매겨야 한다. 내 여자를 속 좁게 하는 건 배려의 순서가 바뀔 때다.

식사 자리에선 남의 여자 젓가락이 아니라 내 여자 젓가락을 보면 된다. 어떤 상황에서도 내 여자의 관점에서 이해하면 된다. 만약 상황상 내 여자 편을 들어주기 애매하다면 그럴 땐 상대편 거들지도 말고, 내 여자를 설득하지도 말고 가만있으면 된다. 내 여자의 상식과 인격을 믿고 기다려주면 되는 것이다.

타인 먼저 챙겨주느라 바쁜 남자는 내 여자 생각에는 '내 남자'가 아니다. 내 남자임이 확실할 때 여자는 그를 존중하고 사랑하며 내 남자를 위해 전사도 되어준다.

사랑하며 존경받으며 행복하게 살고 싶은 당신이라면 명심하라. 내 여자를 살갑게 보듬으며 0순위로 배려할 때 가능하다는 것. 행복은 성적순이 아닐 수 있지만 행복은 배려순이다. 그 누구보다 내 여자를 먼저 챙기면 된다.

"목소리도 듣기 싫어!"

재택근무나 집콕 시간이 늘면서 코로나 블루, 코로나 레드라는 말이 회자되었었다. 집안에서의 고립감과 단절감으로 인간은 역시 사회적 동물임을 확인했다는 사람이 있고, 가족과의 부대낌 때문에 지옥 같았던 회사에 출근하고 싶어지더라는 사람도 있었다.

40대 M은 재택근무를 계기로 전화위복이 된 사례다. '가정'을 되찾았고 사랑하는 사람과 함께라면 집이 가장 좋은 힐링 장소가 될 수 있다고 했다. 재택근무를 계기로 그동안 아내의 역할에 대해 깊이 생각해보게 되었다는 남자. 지금부터 이 남자의 이야기다.

어느 날 냉장고를 정리하던 M의 아내가 냉동실에서 떨어진 음식물에 발등을 찧었다. 누군가 마무리를 해야 했기에 M이 하려고 나서자 아내는 싫다고 했다. 냉동실에 쌓인 음식이며 채소 칸에서는 오래된 과일이나 시든 채소가 나오기 마련이라 "뭐 이렇게 많이 사서 썩혔느니" 하며 잔소리가 나올까 싶어서였는지 모른다. 하지만 M이 잔소리는커녕 냉장고 칸칸을 정리하며 아내의 수고를 치하했다. "냉장고 정리하는 것 하나도 이렇게 힘드네" 하면서. 회사 보고서 몇 개를 쓰는 게 낫겠다는 생각이 들 만큼 여간한 일이 아니었던 것이다.

며칠 후 냉장고를 열어보던 M은 아내를 감동시킬 말 한마디를 추가했다. "여보, 집안일은 해도 해도 끝이 없네. 그동안 이 힘든 일을 내색도 안 하고 혼자 다 한 거야?" 자신이 힘들여 정리한 냉장고가 며칠 만에 뒤죽박죽되어 있는 걸 보곤 한 말이었다. M은 이후로 화장실, 거실 등 집안일을 하며 아내의 수고로움을 진심으로 인정했다. 누가 가정 경영이라고 했는지 옳은 말이다 싶었다. 잠깐 살펴봐도 집안일은 부서가 한두 군데가 아니었다.

육아휴직을 했다가 전업주부가 된 M의 아내는 그동안 외로움과 우울감, 고립감으로 힘들었지만 남편과 나눌 수가 없었다. 남편은 아내가 전업주부가 되자 가장이라는 사명감으로 열심히 일하느라 집안일은 돌아볼 새가 없었기 때문이다. 가족과의 관계가 먼저라는 걸 모르진 않았지만 '나중에, 얼마든지'라며 미루고 있었던 것.

'나중에 얼마든지'를 '지금이 아니면'으로 돌려놓은 계기가 재택근무였다. 재택근무는 M에게 스위트홈을 돌려주었다. 요리에

도전도 하고, 아내와의 대화도 늘었다. 그럴수록 M의 자존감이 높아지고 자신감도 생겼다. 아내의 짜증이나 피곤한 말투도 바뀌었다. 이런 아내의 변화는 M이 이끌어낸 것이라고 해도 과언이 아니다. 하루만 돌보지 않아도 표가 나지만 매일 해도 공 없는 집안일을 인정하며 수고한다는 표현을 한 것이다. 요리를 해보니 한 끼 식사가 얼마나 수고로운 것인지 알게 되었다. 매사에 감사하다는 말이 나올 수밖에 없었다.

"말은 부메랑이더라구요. 내가 한 말을 저도 아내에게 듣거든요. '자기가 더 수고하지, 고맙지.' 이런 말이요. 그러니까 서로 표정이 밝아지고 더 좋은 말을 하게 되는 거예요."

나는 세상의 일은 두 종류로 나뉜다고 말한다. '집 밖의 일'과 '집 안의 일'이다. 하는 것 없어 보이는데도 끝없는 게 집안일. 해도 표 안 나는 게 집안일. 열심히 해도 성과가 없고 인정 못 받는 일이 집안일. 직급도 없고 승진도 없는 집이라는 직장. 그래서 성취감은커녕 M의 아내처럼 '이러려고 내가 대학원까지 나왔나?' 하며 자괴감에 빠지게 하는 집안일. 바꿔 말하면 누구도 하고 싶어하지 않지만 누군가 하지 않으면 온 가족의 삶이 헝클어질 만큼 소중한 일이 집안일이다. 그래서 집안을 경영한다고 말하는가 보다.

집안을 잘 경영하는 CEO 아내를 인정하고 칭찬해보자. M처럼. 집안의 일을 함께하며 아내의 마음과 안색을 돌보는 일도 중요하다.

"당신, 힘들어 보이네. 오늘 좀 쉬어. 내가 할게."

"여보, 내가 할 일 있으면 말해줘."

'맞살림'이라는 용어가 있다. 함께 맞살림한다면 노고를 알아주고 치하하는 말이 저절로 나온다. 분리수거든 음식물 버리기도 아내가 말하기 전에 처리해주고 싶을 것이다. 가정에서 먼저 성공하는 방법이다. 성공(成功)의 본뜻이 '일을 이루는 것'이라면 내 집안에서 이루는 게 먼저다. '행복의 파랑새는 내 집 처마에 있다'는 말도 있다. 행복의 중심을 아내와 자녀에 두는 것이다.

한창 미드를 보던 시절에 신발 신은 채로 소파나 침대에 올라가는 장면 등 미국 문화에 대해 미스터리가 많았다. 그중에서 '이혼'에 대한 부분은 굉장한 미스터리였다. 이혼율이 높은 이유를 도무지 알 수 없어서였다. 퇴근하면 집으로 곧장 들어가 아내와 저녁을 준비하는 가정적인 남자들인데 왜 이혼율이 높을까?

그 당시만 해도 우리의 퇴근 풍경에는 삼겹살에 소주, 2차와 3차를 마치고서야 밤늦게 귀가하는 남자들이 많았다. 당연히 부부싸움의 단골 메뉴는 '술과 늦은 귀가'였다. 하지만 동시대 미드가 보여주는 가정은 한국과는 판이하게 가정적인 남편들이 등장했다. 드라마뿐 아니라 내가 경험한 대부분의 서양 가정의 남편은 퇴근 후 아내와 저녁식사를 같이 준비했다. 그런데 왜 우리나라보다 훨씬 높은 이혼율을 보이는지 알 수 없었던 것이다.

하지만 나는 더이상 이 부분이 궁금하지 않다. 이유를 알기 때문이다. 바로 '대화와 소통'에 있다. 대화가 되면 함께하는 시간이 행복이지만 대화가 불통이면 함께하는 시간이 많을수록 불행이 커진다. 정리하면 더 분명해진다.

1. 퇴근 후 집으로 들어가는 시간이 빨라졌다
2. 부부가 함께 지낼 시간이 많아졌다
3. 대화가 통하지 않는다면 그 긴 시간을 어떻게 보내겠는가

저녁이 있는 삶이 우리 문화에도 정착되었고, 부부가 저녁 시간을 좀 더 길게 보내게 되었다. 이 지점이 이혼율을 높인다면 역설일까? 이전 세대가 이혼 안 하고 그럭저럭 살 수 있었던 이유를 들은 적 있다. 회식 등으로 늦은 밤에 귀가하고 잠만 자고 이른 아침 출근. 서로 싫어도 얼굴 안 보고, 말 안 섞으니 살 수 있었다는 것이다. 황혼 이혼이 급증한 이유도 맥락이 비슷하지 않을까. '꼴도 보기 싫을 새도 없이 서로 바쁘게 살다가 나이 먹어 비로소 말 안 통하는 것'을 깨달은 것이다. 이상한 관점에서 이혼율을 분석했나 싶지만 꽤 그럴듯한 궤변 아닌가. 말하고 싶고, 목소리 듣고 싶어야 살 수 있는 시대가 본격적으로 도래한 것이다.

"아내가 제 목소리 좋다고 하는데 어떤 칭찬보다 좋더라구요."

M의 말은 시사점이 많다. 나는 "꼴도 보기 싫다"보다 더 심각한 위험 수준이 "목소리도 듣기 싫다"라고 생각한다. 심지어 '숨소리도 듣기 싫다'는 말도 있다. 앞으로 집에서 보내는 시간이 많아질 거다. 직장 중심과 타인 관계 중심에서 다시 '가족 중심'의 시대가 된 것이다. 자문해보자. 내 사람과 말이 통하지 않으면 잘 살 수 있을지, 내 가족은 내 목소리를 듣고 싶어 하는지.

M의 성공담을 따라해봐도 좋을 것 같다. 첫 번째는 아내의 노고를 인정하고 적극적으로 집안일에 관심 가지는 것이다. 두 번째는 요리하는 것이다. 요리는 생존이자 인간만이 할 수 있는 품위 있는 일이다. 요리를 대접하며 이런 말도 좋겠다. "여보, 그동안 나 먹여 살리느라 고마웠어. 이제 내가 당신 먹여 살릴게."

먹여 살린다는 의미는 밖에서 돈을 벌어 일용할 양식을 마련하는 의미도 있지만 음식을 만드는 것이 완결편이다. 혹자는 남자가 나이 들면 찬밥 신세, 쉰밥 신세가 된다고 한다. 그렇다면 내가 따뜻한 밥을 하면 된다. 그리고 아내에게 이런 말도 종종 하자. 이 말 하는 내 남자의 목소리를 듣고 싶지 않은 사람은 없을 거다.

"여보, 먹고 싶은 거 있으면 말해. 내가 배워서라도 해줄게."

활발한 소통이
활발한 싸움만 되는 이유

'월 소득 900만 원 부부, 가사도우미 부르는 게 허세인가요?'

기사 제목이다. 월 소득 900만 원에 가사도우미? 그 정도면 허세는 아닐 듯했다. 제목이 주는 호기심으로 읽기 시작했지만 읽을수록 궁금해져서 기사 내용을 꼼꼼하게 읽게 되었다. 현실적인 계산도 했다. 아이는 몇 명일까? 육아비와 교육비가 만만치 않지만 아이가 많다면 그 이유로 가사도우미가 더 필요하지 않을까.

기사의 아내는 워킹맘이었다. 퇴근 후 아이 돌보고, 세탁기 돌리고, 식사 준비 등이 만만치 않았던 아내는 가사도우미를 부르자고 했는데 남편의 반대에 부딪히고 만 것이다.

나는 기사만큼 눈길을 끄는 댓글의 갑론을박을 보았다. 때로 댓글이 어떤 전문가의 진단과 솔루션보다 명쾌할 때도 있다. 댓글 몇 개를 옮겨본다.

A : 1주일에 한두 번은 쓰세요.

B : 1주일에 몇 번. 돈으로 가정의 평화를 살 수 있습니다.

C : 애들 어릴 때 가사도우미라도 써서 남는 체력으로 아이들과 질적으로 더 좋은 시간 보낼 수 있다면 그 돈은 사치가 아닙니다. 자식 농사에 투자한다고 생각하세요.

이밖에도 댓글은 주욱 이어졌다. 남 일에는 객관적이 되기 쉬워서일까, 대부분 댓글은 이 부부의 치열한 논쟁의 쟁점을 명쾌하게 정리해주며 시원한 해답까지 내놓았다. 이 기사의 맨 끝에 달린 전문가들의 조언이 무색할 만큼이었다. 전문가들은 배우자와의 활발한 소통과 상대에 대한 배려심이 필요하다고 했다.

나는 이 문제를 풀 수 있는 '배우자와의 활발한 소통과 배려심'은 어떤 것일까를 생각했다. 이 부부도 문제가 심각해지기 전에 여러 차례 대화를 했으리라. 그런데 왜 해결하지 못하고 '허세'라는 말을 했고 그 말에 상처를 받았을까. 기사를 바탕으로 한 가상 시나리오도 떠올랐다. 이 부부가 나눴을 법한 대화다.

아내 : 내가 많이 힘들어. 내가 전업주부도 아니고 퇴근해서 아이 돌보고 세탁기 돌리고 저녁 준비하는 게 말이 돼?

남편 : 내가 도와주고 있잖아.

아내 : 도와주고는 있지. 근데 도와주는 거지, 다 하는 건 아니잖아.

남편 : 그럼 내가 일을 더 할게.

아내 : 가사도우미 쓰면 되잖아. 왜 반대해?

남편 : 평균 수명이 얼마야? 노후 준비 확실하게 해야 해. 그리고 앞으로 아이들에게 들어갈 교육비는 또 어떻게 할 건데?

아내 : 우리 수입이면 가사도우미 못 쓸 정도는 아니잖아. 그리고 그 시간에 애들하고 놀아주는 게 더 교육적이고 좋은 거잖아.

기사를 바탕으로 했으니 아주 엉뚱한 가상 시나리오는 아닐 거다. 이 정도라면 부부간 소통을 한 셈이다. 현실 대화에서는 이 정도 분량보다 몇 배는 대화했을 테니 '활발한 소통'을 했으리라. 그런데 중요한 점은 일치점 없이 계속 자기주장만 한 것이다. 그러니까 남편은 가사도우미 부르는 것을 '허세'라고 하고, 아내는 남편의 말에 기가 막혔다.

상대가 안건을 내놓으면 그 사람의 관점을 살펴보는 게 먼저다. 이유가 있으니까 말한 것이다. 그런데 상대의 이유보다 자신의 관점에서만 말하면 활발한 대화는 하더라도 배려 없는 언쟁이 될 뿐이다.

'우리 벌이에 그게 허세? 남들은 외벌이를 해도 가사도우미 잘도 쓰던데?'

'자기가 도와주는 것도 한계가 있다는 걸 왜 모르지?'

'아이들하고 시간을 함께하는 게 훨씬 가치 있는 건데 이 사람은 왜 돈, 돈 하지. 그러는 동안 아이들은 자라고 다시는 육아의

시간이 돌아오지 않는다구.'

'돈은 쓰라고 있는 거지. 모으기만 하면 뭐해?'

'밖에서도 일, 집에서도 일. 그러면 나는 일만 하는 사람?'

'시간적인 여유가 있어야 부부 사이도 좋아지는 거 아닌가?'

'이 사람은 돈만 최고인가? 가족은? 나는?'

활발한 소통을 하되 잊지 말아야 할 것이 '상대를 배려한 소통'이다. 아내의 관점에서 생각해보면 댓글에서 제시한 것처럼 현명한 솔루션이 나온다. 그렇다면 기사의 남편은 억지를 부리고 배려심 없는 말을 골라서 한 것일까. 아내와 말싸움하고 싶어서 그랬던 것일까. 남편의 관점은 '자신이 적극 도와주겠다고 했는데 왜 가사도우미를 자꾸 고집하지? 노후에 잘 살려면 지금부터 잘 모아야 해'다. 남편의 이런 논지가 엉뚱한 것도 아니다.

서로의 주장이 팽팽할 때 갈등이 커진다. 서로의 관점에 허점이 없을 때 갈등의 골이 깊어진다. 자신의 생각이 맞기에 양보할 수 없는 것이다. 대화하자고 해놓고 말싸움하게 되는 이유다. 부부의 경우엔 서로의 말이 맞기 때문에 갈등이 더 팽팽해진다. 더 잘하고 싶어 '자기 말'을 내세운다. 그러면 어떻게 해야 활발한 소통이 될까.

먼저, 잘 듣는 것이다. 듣는다는 것은 듣기(hearing)와 귀 기울여 듣기(listening)가 있다. 활발한 싸움을 부르는 이유는 대충 듣고 '내 말'을 내세우려고 하기 때문이다.

두 번째는 상대에게 그럴만한 이유가 있다고 생각하는 것이다. 그러면 아내의 말이 더 잘 들린다. '저렇게 말하는 이유가 있어'라고 생각하면 이해가 된다. 반대로 '이유불문 내 생각이 맞다'고 생각하면 상대의 말은 틀린 말이 된다.

세 번째는 '일부 수렴, 일부 수정'의 원칙이다. 무조건 아내 말을 따르기에는 무리가 있다고 생각하면 "3개월만 당신 말대로 해보자"라는 절충안을 내는 것이다.

어떤 상황에서도 이런 말은 하면 안 된다. 1. 상대를 비난하는 말 2. 상대의 의견을 무시하는 말 3. 자신의 말만 맞다는 식의 말이다. 상대의 인격을 비난하며 깎아내리는 말을 하면 맞는 말을 하더라도 공격의 빌미만 된다. 기사의 예를 보면 '허세'라는 말을 쓴 경우다. 이러면 활발한 소통이 아니라 활발한 싸움이 된다.

활발한 소통의 의미는 '상대를 배려'한 것이 전제된다. "너는 왜?"라는 말이 아니라 경청과 공감과 청유형이라는 3종 세트를 갖춘 말이다. 이런 말이 바로 상대를 배려한 활발한 소통이다.

"내 생각엔…."

"당신 말 잘 들었어. 내 생각엔…."

"그럼 우리 이렇게 해보면 어떨까?"

'근자열 원자래' 하게 만드는 남자

이른 아침, 커피 한 잔 마시며 메일을 보는 것은 창을 활짝 열어 젖혀 신선한 공기를 마시는 것과 같다. 내 기상 시간보다도 일찍 도착한 주옥같은 글들은 세상의 향기를 전하며 나를 정화시키고 다잡게도 한다. 창가에 서서 아침의 하늘을 보며 메일 내용을 음미하는 맛이란 비할 데 없이 좋다. 글을 보내준 분들의 정성은 물론이고 글에 담긴 의미, 유머, 용기에 내 삶이 꽤 괜찮아지는 느낌도 든다.

그날 본 메일도 그랬다.

"너는 이제부터 긴 인생을 살아가게 된다. 항상 나만의 가정만 걱정하고 살면 가정만큼밖에 크지 못한다. 더불어 좋은 직장을 만들고, 열심히 일해서 사회에 봉사하면 그 직장의 주인이 되고 그 사회만큼 커진다. 민족과 국가를 걱정하면서 살면 너도 모르게 민족과 국가만큼 성장하게 되는 게 인생이다."

100세 철학자 김형석 교수님의 '아버지가 주신 충고'라는 글이 있다. 그가 중학생이 되었을 때 무학(無學)의 아버지가 해주신 말씀이란다. 타인과 사회를 위해 큰 뜻을 품는 것에 대한 말씀이었다. 자식이 잘되길 바라며 대의를 크게 품으라던 말씀은 그 시대 아버지들이 자식에게 주는 사랑표현법이었다. 19세기 아버지가 20세기를 살아가는 아들에게 준 메시지를 21세기까지 훌륭하게 실천하고 있음에 새삼 대단하다는 생각이 들었다.

문득 19세기 남자(아버지)의 당부 말씀을 21세기를 살아가는 지금 남자들은 어떻게 받아들일까 궁금했다. 19세기 아버지는 자녀에게 대의와 타인, 사회를 먼저 강조했다면 21세기를 살아가는 이 시대의 젊은 아버지들은 알파 세대 자녀에게 어떤 '당부의 말'을 들려주고 싶을까?

내 블로그에 '이 시대, 아버지란 누구입니까?'라는 칼럼을 업로드한 적이 있다. 나중에 좋은 아빠가 되고 싶어 자신의 휴대폰에 '좋은 아빠 되기' 십계명을 품고 다닌다는 가수 임영웅의 이야기도 내 강연에 자주 인용되기도 한다. '21세기 젊은 남자'가 바라는 아빠상이 그 안에 오롯이 들어 있기 때문이다. '아빠육아 강연'을 하며 30, 40대 젊은 아빠들과 활발하게 소통하는 나는 안다.

첫째, 이 시대 남자들의 '대의'에 대한 해석이 유연해졌다는 것.

둘째, 대의를 성취하기 위해서 무엇부터 해야 하는지 현시대를 살아가는 젊은 남자들은 '정확하게' 안다는 것.

셋째, 아버지의 자식 사랑은 예나 지금이나 변함없으나 표현법에서는 많이 달라졌다는 것.

아내와의 사랑, 자녀와 가족을 사랑하는 모습을 공공연히 보여주는 것이 '못난 남자' 캐릭터였던 시절이 있었다. 그런 모습은 보여주지 않을수록 속 깊은 남자이며 남자다운 남자로 대접받았다. 그런데 이제는 가족에 대한 사랑을 보여주어야 세상을 품을 사람이라고 인정받는다.

대선주자들만 봐도 가족의 전폭적이고 전방위적인 지원을 내세우고, 아내와 손잡고 산책하며 사랑을 확인하는 모습이나 손주와 놀아주는 자상한 할아버지로서의 모습을 SNS로 활발하게 보여준다. '대의'를 이루려면 먼저 '가정'부터 이루어야 한다는 것을 보여주는 것이다. 말 그대로 격세지감을 느낄 지점이다. 하지만 잘 들여다보면 변한 게 아니다. 수천 년 전부터 지금까지 가화만사성 후에 치국평천하였지, 치국평천하 후에 가화만사성이라고 말한 사람은 없다. 세상과 소통하려면 가족과 먼저 소통하고 아내와 말이 통해야 한다는 기본 전제에 충실한 시대가 된 것이다.

자동차 왕이라 불리는 헨리 포드는 자신이 가장 잘한 일이 가정을 이뤄 잘 경영한 것이라고 했다. '이루다'라는 말은 '성공'에도 쓰이지만 인생을 이룬다는 의미가 더 적절할 것이다. 성공적인 인생의 기준이 여러 갈래겠지만 세상을 다스리고 싶은 대권

주자들이 대의를 이루고 싶어 보여주는 행보 중 가정과의 조화를 먼저 내세우는 것을 봐도 알 수 있다. 가정에서 '내 여자'와 먼저 조화를 이루는 '남자'여야 세상과 화합할 수 있다는 것을 강조하고 있는 것이다.

한 남자가 한 여자와도 조화롭지 못하다면 세상과 화합할 수 없다. 내 여자의 마음도 얻지 못하면서 유권자의 절반인 여자들의 마음을 얻기란 어렵다. 내 사람의 마음도 모르면서 어찌 세상의 인심을 알 수 있단 말인가. 대선주자들의 행보를 떠올린 것도 가족과의 소통이 사회적 공감대를 이끌어내는 데 너무도 중요하다는 걸 보여주어서였다. 결국 대의를 이루는 힘은 가정을 어떻게 이루었는가가 관건이고, 유권자 절반의 표심을 끌어내는 핵심이기도 하다.

2세기 전 아버지가 지금 중학생 아들과 마주한다면 이렇지 말하지 않을까. "너는 이제부터 긴 인생을 살아가게 된다. 네 아내, 자녀들과 화합해 가정을 성공적으로 이루면 너도 모르는 사이에 민족과 국가를 경영할 만큼 이루게 된다. 그게 성공한 인생이다."

큰 뜻을 품을수록 가족과의 소통에 중심을 두는 남자가 이 시대가 원하는 대의를 이룰 남자상이다. 자녀교육에서도 '아이와 함께 성장하는 부모'라는 말을 강조한다. 자녀를 잘 키우는 부모는 아이와 함께 성장한다는 뜻이다. 가정을 잘 이룬 남자가 뜻을 이룰 수 있다. 진정한 성공의 의미와도 맥락을 같이 하는 것이다.

아내, 자녀와의 대화가 부족했다면 지금부터다. 가족과 소통 잘 하고 관계를 잘 맺는 사람은 어느 곳에서나 환영받는 시대임을 모르는 남자는 없을 것이다. 아내와 공감대를 형성하는 남편, 자녀의 존경을 받는 아빠, 가족과 친지의 신뢰를 구축한 사람임을 내세우지 않고는 어떤 것도 이룰 수 없는 세상이다.

가까운 사람에게 존경받기가 어렵다고 한다. 근자열 원자래(近者悅 遠者來)라는 말도 있다. '가까이 있는 사람을 기쁘게 하면 멀리 있는 사람까지 찾아온다'는 것이다. 원래 고전이란 시대에 따라 해석이 자유로운 것이니 '가까이 있는 사람'을 '내 가족'이라고 비유해보자. 내 가족을 기쁘게 하는 이런 말은 어떤가.

내 가족을 기쁘게 하는 말, 칭찬의 말.

내 가족을 기쁘게 하는 말, 자존감 높여주는 말.

내 가족을 기쁘게 하는 말, 잘 듣고 적극적으로 호응해주는 말.

내 가족을 기쁘게 하는 말, 격려하며 지지하는 말.

내 가족을 기쁘게 하는 말, 눈빛으로 존중하는 비언어적인 말.

가족을 기쁘게 하는 당신이라면 무엇이든, 어떤 것이든 도전해 봄직하다. 당신을 진정으로 신뢰하고 지지하는 가족이 있으므로. 21세기형 근자열 원자래 아닌가.

아빠 같은 남자와 결혼해라

승현 씨의 일상이 180도 달라졌다. 그는 50평생에서 요즘이 자신에게 가장 자랑스럽다. '뿌듯함이라는 게 이런 거구나'를 느끼며 매사에 자신감도 생긴다. 50대에 들어서며 사그러가는 인생 같다고 주눅 들어 지낸 시간이 억울하다.

변화의 시작은 그가 올린 한 편의 글에서부터였다. 그는 가족 단톡방에 다른 카페에서 퍼온 글을 올렸다. 딸들과 공유하고 싶어서였다. 남자로서 본 남자가 정확하다고 믿는 아빠 승현 씨는 퍼온 글을 통해 딸들에게 결혼 조언을 하고 싶었다. 자신의 철학과 딱 맞아떨어지는 글을 보고 반가웠던 것이다. 부디 딸들이 보고 참고하길 바라는 마음이었다. 퍼온 글 제목은 '딸아, 이런 남자와 결혼하지 마라'였다.

1. 아침잠이 많은 남자와 결혼하지 마라. 아침에 게으른 사람이 오후에 부지런한 법은 없다. 2. 배 나온 남자와 결혼하지 마라. 자기관리 하지 않은 사람이 가족 부양하는 의무를 성실히 한다는 것을 들은 적이 없다 등 마치 시무 십일조처럼 11가지 내용으로 승현 씨의 마음을 대신한 듯 안성맞춤으로 정리되어 있었다.

가장 먼저 반응을 보인 건 첫째 딸이었다.

딸 : 그러니까 결혼은 하기 어렵다는 거죠 ㅋㅋ

아빠 : 잘 골라서 해야지. 결혼 안 한다는 말은 사절 ㅋㅋ

사실 올리면서 한 가지 걸리는 점은 아내였다. 만약 아내가 읽더라도 아무 반응이 없길 바랐다. 아내가 "우리 딸들은 당신과 반대되는 사람만 만나면 돼"라는 말을 하면 체면이 뭐란 말인가. 특히 '배 나온 남자와 결혼하지 마라'에 찔렸다. 며칠 전 집에서 삼겹살 파티를 하는데 아내가 한 말도 떠올랐다. "여보, 혜정 아빠. 당신 배 관리해야 하지 않아?" 딸들이 아빠 편을 들며 "그래도 우리 아빠 배는 귀여운 편이야" 했지만 자신의 불룩한 배가 화제가 된 건 사실이었다. 그런데 아내는 고맙게도 단톡방에 이렇게 썼다.

"딸들아, 아빠 같은 남자와 결혼하면 된단다."

그는 아내의 반응을 보곤 여러 가지 생각이 들었다. 좋은 글을 딸들과 공유하고 싶은 마음만 앞섰지 아내가 보기에 그 글은 '현재 승현 씨=결혼하면 안 될 남자'로 대입하기 딱 좋았다. 물론 자신도 젊은 시절엔 그렇지는 않았다. 그러고 보니 친구 딸들이 결혼 안 하는 2가지 핑계를 대더라는 말이 떠올랐다.

'아빠 같은 사람 만날까 봐.'

'아빠 같은 사람 못 만나서.'

승현 씨는 딸들에게 "아빠 같은 남자는 결혼 상대로 어때?"라고 물어보고 싶다. 하지만 정식으로 물어보자니 좀 어색해서 차마 물어보진 못한다. 승현 씨는 이참에 아내에게 물어봤다.

승현 씨 : 나는 딸들이 몇 점 줄 것 같아?

아내 : 당신 젊었을 때는 '이런 남자랑 결혼하지 마라'에 전혀 해당 안 됐는데 지금은 솔직히 거의 근접해 있지.

승현 씨 : 근데 왜 단톡방에 아빠 같은 사람이랑 결혼하라고 했어?

아내 : 그야 내가 평소에 당신 면박 주던 내용과 비슷한 게 있어서 딸들이 아빠를 만만하게 볼까 봐 일부러 점수 준 거지.

멋쩍은 마음에 "그럼 자긴 결혼 당시엔 어쨌든 나랑 결혼 잘했던 거네" 했지만 그동안 무심하던 자신의 습관을 돌아봤다. 모범이 될 만한 남성상이나 이상형 남자와는 멀어도 너무 멀어진 자신이었다.

그는 변하기로 했다. 자신이 딸들에게 조언하고픈 이상적인 남편감에는 다행히 연봉 얘기는 없었으니 돈 더 벌어오는 것 빼고 할 수 있는 것을 꼽아보았다. 꽤 되었다. 우선 주말이나 휴일에 일어나자마자 컴퓨터 앞에 앉는 습관을 돌아봤다. 손도 안 씻고 양치도 안 하고 구부정하게 앉아 카톡 하고 정보 검색하며 세상 한탄하는 주말 아침이었다. 지금은 주말의 풍경이지만 머잖아 은퇴하고 출근을 안 하게 되면 그게 자신의 매일 아침 일상이고 인생이 될 거라는 생각을 하니 아찔했다.

그는 버킷리스트를 3가지만 써보기로 했다. 그리고 일단 3가지만이라도 '반드시' 지켜보기로 했다. 뭐가 달라도 달라질 것이라고 생각하면서.

1. 세상을 검색하고 비판하기 전에 자신을 먼저 검색하고 돌아볼 것
2. 아침 시간을 활용할 것. 아침 운동 30분 이상 하기
3. 주말엔 집안을 가꿀 것. 베란다의 화분 돌보기부터 시작하기

일어나자마자 세수하고 양치 정도는 먼저 하는 것이다. 그러고 보니 승현 씨는 아무리 추운 겨울에라도 찬물에 세수하고 하루 일과를 수첩에 적으시던 아버지, 조간신문을 정좌하고 보시던 아버지, 깨끗한 차림으로 아침 식사 자리에 앉으셨던 아버지 기억이 났다.

3가지만 실천했는데도 자신이 멋지게 느껴졌다. 출근 시간이 여유로웠고 주말엔 집안의 화분 가꾸기를 하니 테라스와 창가가

멋져졌다. 자신감이 생긴 승현 씨는 2가지를 보태서 5가지의 버킷리스트를 완성했다. 4, 5번은 아내의 잔소리 위주로 적었다. 음식 좀 천천히 먹으라는, 식사 후 큰소리 내며 입가심하지 말라는, 소파와 합체되어 TV 보는 자세 등. 평소에 괜한 잔소리라고 생각했는데 버킷리스트에 적다 보니 '반드시 고칠 습관'이라는 생각이 들었다. 아내가 잔소리꾼이 아니라 승현 씨가 아내의 잔소리를 불러일으킨 셈이었다.

지나치게 친구를 좋아하는 부분도 있었다. 단톡방에 올렸던 '여러 사람에게 친절한 사람을 경계하라'는 부분이 자신에게 해당되는 것이다. 친구라면 만사를 제쳐놓고 달려가던 그였다. 친구 좋아하는 것이 나쁠 리는 없겠지만 한정된 그의 시간을 쓰려면 순서를 다시 정해야 했다.

승현 씨는 요즘 요리 공부 삼매경이다. 자신에게 이런 재주가 있나 싶을 정도로 요리가 재밌고 결과물도 훌륭하다. 주말엔 그가 만든 음식으로 가족들과 식사한다. 처음엔 찌개 등 한식으로 도전하다가 요즘은 딸들이 좋아하는 파스타도 만든다. 토마토 소스를 만들어 냉동 보관하니 스파게티는 언제든 할 수 있는 즉석 요리 정도가 되었다. 몇 개월 전에는 꿈도 못 꾸었던 변화다.

"아빠 같은 남자와 결혼하고 싶다"는 딸들의 말에 그는 행복하다. 딸들에게 어떤 조언을 하든 '아빠나 잘하시지'라는 생각이 들지 않을 것 같다. 무엇이든 할 수 있다는 자신감이 생기고 은퇴 후를 생각하면 주눅 들던 예전의 승현 씨가 아니다.

더 놀라운 건 아내의 변화다. 그를 대하는 태도가 달라졌다. 아내의 잔소리가 줄었다. 잔소리를 유발했던 부분들을 고쳤기 때문이다. 퇴직하면 골프를 못 칠까 봐 노심초사하던 그였지만 이제는 아니다. 돈 안 들이고 할 수 있는 취미 생활이 그렇게나 많은지 승현 씨는 놀랐다. 자격증 도전을 하니 자연스레 책상에 앉는 횟수가 늘었다. 소파에 비스듬하게 앉아 휴대폰 들여다보거나 TV 리모콘 쥔 채 졸던 예전의 그가 아니다. 이런 그에게 찾아온 변화가 또 있다. 바로 체중이다. 직접 요리를 하다 보니 건강식에 대해 생각하고 음식도 천천히 먹으며 몸 관리로 자연스럽게 이어졌다.

자존감이 상승한 요즘, 그가 자주 하는 말은 가족 칭찬이다. 자신이 벌어서 가족을 먹여 살린다는 생각을 할 때 자신도 모르게 가부장적인 의식으로 딸들의 장점보다 단점을 지적하며 더 잘하라는 식으로 말했다면 이제는 장점을 찾아 칭찬하게 된 것이다. 칭찬은 칭찬을 불러오고 감사는 감사를 불러오는 법인가. 가족들이 긍정적이 되었다. 승현 씨는 '타인을 바꾸려 하기 전에 자신을 바꾸라'는 귀에 닳도록 들은 평범한 말을 실천한 것이 이렇게 효과적이라는 게 놀랍기만 하다.

계기가 기회가 된다. 단톡방에 올린 퍼옴 글 한 편을 계기로 아내의 "아빠 같은 남자와 결혼하면 된단다"라는 말에 반성하며 시도한 것이 시작점이었다. 그리고 의외의 성과도 톡톡히 보고 있다. 바로 아들이다. "아빠. 그거 저한테 한 말이에요? 아들아, 이런 남자가 되어야 장가 간다?"

고3 아들이 멋진 남자가 되기 위해 얼마나 노력할지는 모르겠으나 분명한 건 자신이 아들에게 멋진 남자로서의 롤모델이 되고 있다는 사실이다. 아들이 말 걸어 온 김에 승현 씨는 아들에게 말했다. 이 말 또한 승현 씨 자신에게 하는 말이기도 했다.

"자기관리 하는 남자는 남자가 봐도 멋지지 않니?"

지나가던 딸이 남동생을 보며 아빠의 말을 거들었다.

"바로 우리 아빠잖아. 아빠 같기만 하면 돼, 너는."

굳이 안 해도 되는 말을 하는 남자

"자기야, 아까 그런 말은 좀 그렇지 않아?"

"무슨 말?"

"아까 후배한테 한 말 있잖아."

"무슨 말인데?"

"잊어버렸어? 후배는 금방 못 잊을 거 같던데?"

"뭔데? 아 답답! 뭔데?"

"아까 그랬잖아. 다 좋은데 키가 문제라고. 예전부터 그게 콤플렉스라는 그런 말."

"아, 난 또 뭐라고. 그 말이 어때서? 우리 사이에 그런 말은 아무것도 아냐."

"당신만 그렇게 생각하지. 아까 후배 보니까 표정이 엄청 안 좋던데 뭘."

"뭐가 안 좋아 안 좋긴. 우린 그런 사이 아냐. 여자들이나 그런 말에 속 좁게 따지지."

"아, 여자들이 속 좁다니! 그런 말 좀 하지 마. 구시대적인 사고방식이 말끝마다 묻어나잖아. 그러니 무디다는 말 듣지. 남자도 상처받아. 남자라고 자기처럼 다 무딘 줄 알아? "

"좀 조용히 해라. 여자가 왜 이리 말이 많나."

"요즘에도 이런 남자가 있어요. 여자, 남자 이런 말이 입에 뱄구요. 자기가 하는 말은 죄다 맞아요. '내가 틀린 말 했는가?' 이 말 한마디면 끝나요. 그런 말이 상처주는 말이라고 하면 '사실이잖아' 해버리니 말문이 막혀요. 목소리는 어찌나 큰지. 솔직히 후배든 부하직원이든 자기들 입장이 있으니까 참고 들어주겠지만 뒤에서는 얼마나 흉보겠어요. 사실대로 말하는 게 주책스러운 거라고 해도 자기는 틀린 말은 안 한다네요. 오늘도 같이 와서 상담을 받으려고 했는데 본인은 문제가 없대요. 다른 사람들은 자기 말에 웃고 넘어가는데 저만 시비를 건다면서 이상하게 듣는 제가 문제라네요. 이 사람과 결혼하면 모임도 많고 이런 일이 자주 생길 텐데, 무엇보다 제가 조마조마해서 심장병 걸릴 거 같아요."

호탕한 남자 재석 씨와 섬세한 여자 세미 씨는 재혼을 앞두고 있다. 세미 씨는 한 모임에서 재석 씨를 만났다. 외향적인 성격으로 좌중을 휘어잡는 재석 씨에게 세미 씨는 '이런 남자라면 평생 심심하지 않고 어떤 환경에서도 자신을 지켜줄 것 같다'는 믿음이 생겼다. 결혼을 결정하자 재석 씨는 본격적으로 친구들, 지인 모임, 직장 회식에 세미 씨를 동석했다. "너를 자랑하고 싶어서 그래"라는 말에 세미 씨는 뿌듯하기도 했다. 그런데 문제는 재석 씨의 말이 너무 거침없다는 것이다.

"처음엔 재밌고 시원시원해서 좋았거든요. 그런데 갈수록 귀에 거슬리는 말을 많이 하는 거예요. 완벽한 사람이 있으랴 싶어 넘어갔는데, 남을 깎아내리는 말, 사실을 내세운 독설에 기가 딱딱 질릴 지경이에요."

세미 씨는 재석 씨에게 부탁했단다.

"자기 말습관을 고칠 수 없다면 내가 동석할 때만큼은 조심해줘."

그랬더니 재석 씨는 조목조목 반박하더란다. "다른 사람들은 내가 말하면 다 좋아해. 남자들 세계는 여자들과는 다르니까 같은 잣대로 재면 안 되지. 앞으로 지켜보면 내가 무슨 말 하는지 알 테니까 너무 시시콜콜 따지지 말고"라며 오히려 세미 씨의 속 좁음을 탓하기까지 하더라는 것이다.

세미 씨도 이왕 말이 나온 김에 할 말 하자고 작정했다. 그렇잖으면 재혼 후에 자신이 견딜 수 없을 것 같아서였다.

"요즘 20, 30대 친구들은 자기 세대완 달라. 엄청 섬세해. 어렸을 때부터 공감과 경청이 몸에 밴 사람들이야. 말 한마디가 그만큼 중요하다구."

"인간사 비슷하지 뭐가 그리 다를까. 내 주변 남자들 봐봐. 모두 호탕해서 거를 것 다 거르고 들어. 그렇게 삐딱하게 듣지 않는다고!"

세미 씨는 자신이 진지하게 말하면 들어주고 고칠 줄 알았는데 재석 씨가 신념에 차서 강경하게 나오자 대실망이었다. 독불장군인 그를 보며 재혼 계획 자체를 수정해야겠다는 고민에 빠진 것이다. 세미 씨는 어떻게 하면 좋을지 고민이라며 말했다. "안 할 말만 안 하면 되는데 그게 그렇게 어려울까요?"

하지만 상담을 마친 세미 씨는 노력하기로 했다. 상담하다 보니 재석 씨의 성격을 좀 더 이해했기 때문이었다. 과시하고 싶은 마음을 알아주면서 자존심 건드리지 않고 최대한 존중하며 부탁하면 가능할 것 같았다.

지문(指紋)이 같은 사람이 없다고 한다. 지문은 평생 변하지 않은 채 지문의 주인과 일생을 같이한다. 지문과 성격은 비슷한 점이 있다. 얼핏 보면 거기서 거기인 것 같은데 자세히 보면 전혀 다르다는 점과 변하지 않는다는 점에서 그렇다. 그러고 보니 정말 그렇다. 물결 모양 같은 비슷한 지문이 '79억 × 10개'만큼 다르고, 성격 또한 외향과 내향으로 나뉘는 것 같지만 보편적이면서도 전혀 다른 개성을 갖고 있지 않은가.

지문과 성격만큼 모국어 사용도 같은 듯 아주 다르다. 같은 말인데도 저마다 다르게 사용한다. 개성이 소중하듯 표현의 다양성을 위해서 같은 말도 다르게 사용하는 건 좋지만 이상하게 말하지 말고 '생각 좀 하고 말해'야 한다. 최소한 안 할 말은 안 하는 것이다. 안 할 말 해놓고는 "왜 그렇게 소심하냐"며 상대방을 소심쟁이 혹은 속 좁은 사람으로 몰아가는 사람이 있다. 심지어 "왜 그렇게 자존감이 낮냐"고 상대방 자존감을 탓하는 사람도 있다.

언어와 사고는 밀접한 상관관계에 있지만 모국어는 너무 능숙해서 생각할 사이 없이 나온다. 생각하고 말해야 하지만 모국어는 생각 안 해도 '저절로' 나와서 실수하기도 한다. 실수로 한 말이 상대에게 상처가 되는 경우도 많다. 그래서 저절로 나오는 말을 잘 돌봐야 한다. 말한 사람은 "뭘 그런 사소한 말 가지고 그래?" 하더라도 들은 상대는 무안하고 수치스러워 가슴에 대못이 박히는 말일 수 있다.

평소에 할 말과 안 할 말 목록을 정리해보면 좋겠다. 외모나 신체적 조건, 가정환경, 성적이나 IQ 등은 언급하지 않을 것, 그 자리에 없는 사람 이야기는 칭찬일지라도 하지 않을 것 등이다. 자신이 남의 입에 오르내리는 걸 극도로 싫어하는 사람도 있다. 안 할 말 리스트는 가급적 예민하고 섬세한 사람의 입장에서 정해야 한다.

안 할 말을 하는 건 스스로 근심을 만드는 일이다. 혹시 남을 눌러서 올라가려는 마음에 자기를 과시하는 말을 자주 하는 편이라면 '잘 생각'해야 한다. 입에 들어가는 것과 입에서 나오는 것을 조심하면 근심이 없다.

이제 세미 씨 이야기로 마무리해보자. 세미 씨가 말하면 "왜? 어때서? 사실이잖아. 다른 사람은 아무렇지도 않은데 자기가 왜 그래? 그렇게 예민하면 피곤하잖아. 피곤하게 살지 마" 하던 재석 씨가 요즘은 이렇게 말한단다.

"그래? 나는 그런 뜻이 아니었는데 자기가 듣기엔 그랬어?"

앞으로 고칠게, 라는 말은 안 하지만 그 정도면 재석 씨가 일취월장 변했다는 것을 세미 씨는 안다. 세미 씨는 이런 재석 씨가 더 믿음직하고 사랑스럽다고.

말이야말로 순간 판단 능력이 필요하다. 만약 생각 없이 말이 먼저 툭, 나온다면 일단 말을 아끼는 것이 좋겠다. 그러면 상대의 의견을 들을 수 있으며 내가 할 말을 다듬을 수 있고, 안 할 말은 안 할 수 있다. 말을 아끼면 근심이 없다는 과언무환(寡言無患)을 기억해도 좋겠다.

■ 독자 여러분의 소중한 원고를 기다립니다

메이트북스는 독자 여러분의 소중한 원고를 기다리고 있습니다. 집필을 끝냈거나 집필중인 원고가 있으신 분은 khg0109@hanmail.net으로 원고의 간단한 기획의도와 개요, 연락처 등과 함께 보내주시면 최대한 빨리 검토한 후에 연락드리겠습니다. 머뭇거리지 마시고 언제라도 메이트북스의 문을 두드리시면 반갑게 맞이하겠습니다.

■ 메이트북스 SNS는 보물창고입니다

메이트북스 홈페이지 matebooks.co.kr

홈페이지에 회원가입을 하시면 신속한 도서정보 및 출간도서에는 없는 미공개 원고를 보실 수 있습니다.

메이트북스 유튜브 bit.ly/2qXrcUb

활발하게 업로드되는 저자의 인터뷰, 책 소개 동영상을 통해 책에서는 접할 수 없었던 입체적인 정보들을 경험하실 수 있습니다.

메이트북스 블로그 blog.naver.com/1n1media

1분 전문가 칼럼, 화제의 책, 화제의 동영상 등 독자 여러분을 위해 다양한 콘텐츠를 매일 올리고 있습니다.

메이트북스 네이버 포스트 post.naver.com/1n1media

도서 내용을 재구성해 만든 블로그형, 카드뉴스형 포스트를 통해 유익하고 통찰력 있는 정보들을 경험하실 수 있습니다.

STEP 1. 네이버 검색창 옆의 카메라 모양 아이콘을 누르세요. STEP 2. 스마트렌즈를 통해 각 QR코드를 스캔하시면 됩니다.
STEP 3. 팝업창을 누르시면 메이트북스의 SNS가 나옵니다.

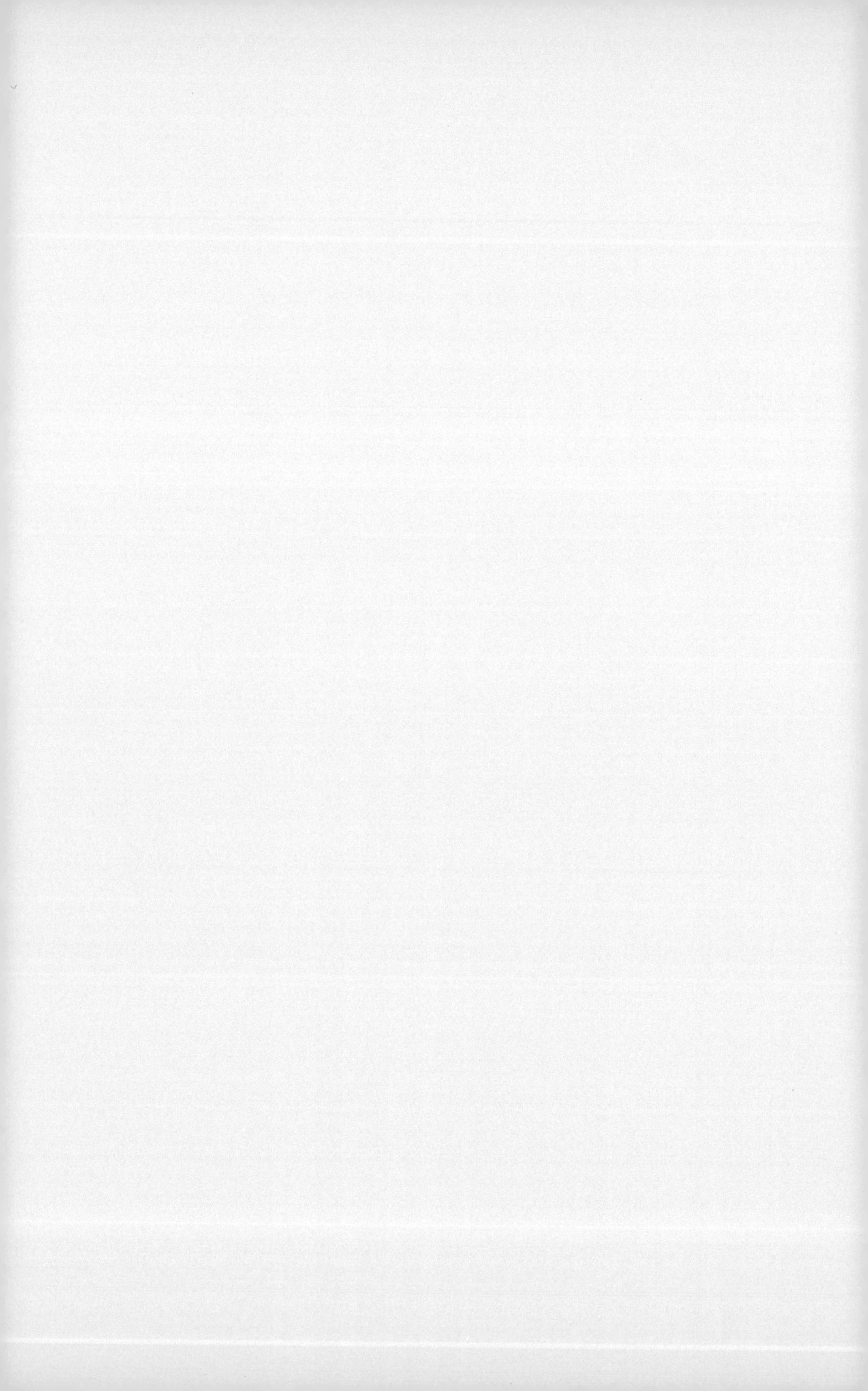